Interior Design for
Healthcare and Welfare Facility
Design as a Reflection of
Compassionate Care

病院・福祉施設の
インテリアデザイン
ケアの心をかたちにする

梅澤ひとみ + 二井るり子———著

Hitomi Umezawa + Ruriko Nii

彰国社

「しょうがい」の表記については多様な見解があるが、
本書では常用漢字である「障害」を用いている。

はじめに
Preface

本書は主に高度の医療を提供する病院と、高齢者、障害者、子どもを対象にした福祉施設に関して、それらの療養環境や居住環境を向上させるためのインテリアデザインについてまとめたものです。

病院では、外来、診療、病棟、近年は予防医療や国際化を踏まえた医療ツーリズムなど、目的の異なるさまざまな空間があり、多様な事例のインテリアについて説明しています。また、豊富な海外の事例が紹介されていることも大きな特徴です。

福祉施設では、地域に根差した小規模な施設の事例を中心に、家庭的な環境や、障害特性を踏まえた環境づくりなどを紹介し、子どもについては入所施設のなかで特に乳幼児の環境について述べています。今後重要となる地域との連携についても取り上げています。

本書の構成は、第1章を病院、第2章を福祉施設とし、場所ごとにその目的や利用状況を踏まえたうえで、インテリアデザインに関するさまざまな留意点を見開き2頁にまとめています。左頁に特に重要な3つのポイントを示し、右頁の写真や図面と合わせて見ていただけます。

インテリアデザインは建築空間の中でより人に近く、環境を整え直接五感にはたらきかけて、利用する人たちに安心感や居心地のよさ、時にはワクワクする楽しさを届ける力があります。急激な情報化や世界的なコロナ禍を経た今、病院・福祉施設においてインテリアデザインが果たす役割は今まで以上に増していると言えるでしょう。ここで紹介するインテリアデザインの手法がみなさまの参考になれば幸いです。

2025年2月 梅澤ひとみ・二井るり子

序章

「ケアする空間」の
インテリアデザインに
求められるもの

1. 病院

2000年以降全国の多くの病院の建物が新規一変しました。戦後の復興期から昭和後期に建てられた病院が新耐震基準を満たさないこと、日進月歩の医療機器の大型化、運用の変化等に対応できないことを理由に、建替え時期が一気に重なったためです。かつては欧米を手本に試行錯誤を続けてきた日本の病院建築は、先人からの礎をもとに医療専門の設計者たちの努力で、今では世界のトップレベルに達したといえましょう。

病院は医療行為を受ける場所であり、一般の人々の間で病院建築やインテリアが話題になることは多くはありません。健康な若い人は病院には縁遠いと思われますが、昨今、若い世代にも最近の病院は変わったと興味をもつ声を聞くようになりました。病院がテレビドラマなどに登場する機会が増えたことも影響していると思います。

また、インターネットで医療情報の入手が簡便になったことから、病院の主な利用者である中高年の世代は、タブレットやスマートフォンを使いこなし、患者が病院を選ぶ時代になりました。

提供される医療が高水準であることが評価の対象になるのは当然のことですが、インテリア等の付加価値は病院を選択・区別する重要な要素となっています。病院スタッフも療養環境の向上が患者の自己治癒力を高める効果をもたらすことを認識し、環境の改善に積極的になりました。

さて、そもそも病院のインテリアの目的は何なのでしょう。平常よりもセンシティブな患者、支える家族、治療・療養を円滑にさせるために尽力するスタッフなど病院に居るす

Introduction

べての人が安心して過ごせるような居心地のいい空間づくりを目指すものと筆者は考えます。

各空間の目的はいろいろありますが、すべての上位概念は安心感につながります。設計者やデザイナーは直接治療に関与できるわけではありませんが、「こころのケア」を担うのはインテリアの大きな役割だと思います。

多くの現場ではインテリアデザインは、建築設計者を中心に、アート・サイン、照明、家具、ランドスケープなどの各デザイナーとコラボレートしプロジェクトが進められます。その中で筆者（梅澤）は環境カラリストとして、「コンセプトの策定」、各エリアの機能や患者の心理に配慮した「色彩計画」のほか、病院の備品である家具やカーテンも提案し、快適な療養空間をつくる一員として仕事をしています。病院の立地などを考慮して建築としては個々に特色が表現されてきていると思いますが、まだまだ病院のインテリアはどこも画一的であるとの声も聞きます。

第1章では、病院のインテリアデザインについて、各エリア別に大切な3つのポイントを挙げています。これらは私的な見解ではありますが、心理学的なアプローチからスタートして、かれこれ20年以上医療福祉建築のインテリアに携わってきた経験から得たものです。国内外の多くの病院を視察する機会にも恵まれ、幸い事務所の枠を超えてフリーな立場でそれぞれの現場の設計者の視点や病院運用の違いなどに出逢うことができました。

デザインの手法は、欧米の事例を参考にすることは多いのですが、人間本来の居心地のよさを追求するにはアジアの病院の自然との関わり方も参考になります。病院のインテリアに求められることは医療の進歩や時代とともに枝葉の

部分で変化しますが、根本的には変わらないものがあります。今の病院に何が求められているのか、何が足りないのか、この本を患者の立場に立って考えるきっかけにしていただけたら幸いです。(梅澤)

2. 福祉施設

福祉施設は、障害者、高齢者、子どもなどの、ケアを必要とする人が利用する施設です。このような人々を対象とする施設には、安全性や機能性が求められると同時に、生活施設としての居心地のよさが求められます。福祉施設では、さまざまなサービスが提供されますが、インテリアデザインの力を活用することで、人によるサービスをさらに高めることができます。また、直接の利用者だけでなく、そこで働く職員や利用者の家族、施設がある地域の人との関係においても、誇らしさやあたたかさ、親しみやすさなどの印象を与えることができます。これが福祉施設のインテリアデザインが目指すものです。

インテリアデザインは、椅子やテーブル、ソファなどの家具、絵画や置き物などの調度品に加え、床、壁、天井の仕上げ、造作家具、照明器具など建築の内部空間を対象とし、天井高さや空間のつながり、窓の開け方などの空間計画にまで及びます。さらに空調や衛生設備、音などの環境から屋外空間までも含むことで、施設全体の環境をよくしていくことを考えます。

福祉施設のインテリアデザインを考えるときに大切なことは、利用者の特性を考慮することです。それぞれの特性に合わせた使いやすさや安全性を重視し、なおかつ、そうし

た配慮が特別なものでなく、多くの人にとって居心地よく、使いやすいものに仕上げることです。こうした工夫を、リーズナブルで汎用性の高い素材を使用して実現することも、重要な視点です。

第2章では、著者の設計事務所において設計した施設を、障害者、高齢者、子どもの順に、玄関、居室、浴室、トイレといった場所ごとにデザインのポイントをまとめています。福祉施設は、近年多様なデザインの建物が見られるようになりました。初めて福祉施設の設計をする事務所でも、時間をかけて計画された秀逸なものや、従来の枠に収まらない斬新なスタイルの建物、オフィスビルや商業施設のような建物など、バラエティに富んだ建物が現れています。これからもさまざまなスタイルの福祉施設がつくられると思いますが、本書で紹介する内容が、新しいスタイルの福祉施設をつくる参考になれば幸いです。

以下に、本書で紹介する施設の範囲とインテリアデザインのもたらす効果について簡単にまとめます。

i ── 障害者施設

障害者施設では、地域で暮らす生活スタイルが重視されるようになっています。地域生活を支える通所施設の事例を中心に、住まいとしてのニーズが高まるグループホームについても紹介します。

障害者施設の利用者は、さまざまな障害特性があり、現在では、知的、身体、精神の障害種別を分けずにすべて受け入れることが基本です（※ただし、サービスの専門性を確保するためやむをえないと認められる場合においては対象とする障害の種類（主たる対象者）を特定して事業を実施することも可能です）。そ

れぞれの障害特性を知り、その障害に応じた環境を整える
ことで障害が際立たないようにすることが大切です。車椅
子やストレッチャーへの対応、突発的な動きによる危険を
防ぐ工夫、音に敏感な人のための防音を施した部屋、居住
性を重視したトイレ、空間による行為の切り替え、心地よ
さへの配慮と五感への刺激、心のバリアをなくす建物の開
放性などの切り口で、インテリアのポイントを紹介します。

ii —— 高齢者施設

高齢者施設では、地域密着型特別養護老人ホーム（以下、地
域密着型特養）と認知症高齢者グループホーム（以下、認知症
グループホーム）を事例に挙げます。いずれも住み慣れた地
域に住み続けるための施設で、住宅のような環境が重視さ
れています。地域密着型特養は、定員29人以下で、1ユ
ニットが9〜10人で構成されています。入所できるのは、
施設のある市町村の住民で、原則として在宅介護が困難、
「要介護3」以上と認定された人が対象とされています。
認知症グループホームは1事業所当たり1または2のユニッ
トで、1ユニットの定員は5人以上9人以下と規定されて
います。対象は、認知症の診断を受け、要支援2以上、著
しい精神症状や行動障害がなく共同生活が送れる、事業者
と同じ市町村に住んでいる、という条件を満たす人になり
ます。
高齢者の特性としては、筋力や視力の衰えがあり、高齢者
施設ではそれらを補う手すりやベンチ、つまずきにくく、
転倒しても衝撃を緩和する床などがポイントとなります。
また、少人数の家庭的な雰囲気の中で今までの生活を継続
し、できる限り自立した生活を送れること、尊厳を守り孤

Introduction

立を防ぐこと、人間のスケールに合った生活空間なども大
切です。

iii —— 子どもの施設

子どもについては、昨今大きな社会問題となっている児童
虐待に関連し、虐待などで心に傷を受けた子どもたちを受
け入れる乳児院と児童養護施設を取り上げます。

2017年の厚生労働省の「新しい社会的養育ビジョン」に
おいて、就学前の施設入所を停止し、里親に委託する方向
が示されていますが、目標値にはなかなか達していません。
乳幼児にとって、家庭での養育が最善であることは言うま
でもありませんが、さまざまな問題により施設養護が行わ
れている現在、子どもの権利を尊重し、手厚いケアと深い
愛情を感じられる環境を提供する必要があります。ここで
は、乳児院や児童養護施設で生活する乳幼児にとって、イ
ンテリアデザインという視点から、どのような配慮が必要
かを考えてみます。

乳幼児の特性として、感染症対策、一人ひとりを大切にす
ること、見守りと自立の支援、安全性、子どものスケール、
虐待経験により傷ついた心を癒やす心理的アプローチと
いった内容でポイントをまとめています。愛情を注ぎ、自
己肯定感を高め、感性を豊かにし、子どもの健全な成長を
支えることが、子どものための福祉施設の役割と考えます。

（二井）

目次

はじめに 003

序章 「ケアする空間」のインテリアデザインに求められるもの 004

1. 病院のインテリアデザイン

01 病院の第一印象はエントランスで決まる 016

02 気候風土に寄り添う病院 018

03 原風景をかたちにする 020

04 ヒューマンスケールな空間が心地いい 022

05 ランドマークで迷わない病院づくり 024

06 色が有効に働くためのポイント 026

07 病院内に居場所をつくる 028

08 待合の診察前ストレスを軽減 030

09 見えないことへの不安を軽減する 032

10 大型医療機器が与えるストレスを軽減 034

11 患者とドクターのコミュニケーションを円滑にする診察室 036

12 精神的な安定と迅速な動きを促す救急外来 038

13 高機能で制約の多い手術室にも安らぎを 040

14 大人も子どもも安心できる小児外来 042

15 時代はジェンダーレスな産科へ 044

16 精神科外来はストレスを抱えた患者のサードプレイス 046

17 透析・化学療法には居住性が必要 048

18 前向きなリハビリテーションへの姿勢を引き出す 050

Contents

19	ICU症候群のせん妄を改善する	052
20	新生児が安心できる居場所NICU/GCU	054
21	デイルームは病棟内唯一の寛ぎの場	056
22	スタッフに見守られている安心感	058
23	自分と向き合えるセカンドハウス	060
24	患者の満足度を高める4床室の工夫	062
25	医療ツーリズムを視野に入れた特床室	064
26	個室はコンパクトな仮の宿	066
27	患者も家族も和やかな時間を過ごせる緩和ケア病棟	068
28	日本にもサンクチュアリーが欲しい	070
29	子どもの能動的な動きを引き出す小児病棟	072
30	スタッフの就労環境を整えることで離職者を減少	074
31	外来との差別化を図る健診センター	076
32	未病のためのワンストップ健康タウン	078
33	病児と家族の第二のわが家「もみじの家」	080
34	がんとともに歩む人の心をケアする マギーズセンター	082
35	患者・スタッフに働きかけるホスピタルアート	084
36	光と色は同時進行で計画する	086
37	療養環境の色彩は必然の色がある	088

目次

2. 福祉施設のインテリアデザイン

〈障害者施設〉

01	玄関は混乱をなくし安全を確保する	092
02	多様な障害者が利用する訓練・作業室	094
03	障害特性に対応した食堂・台所	096
04	個々の入居者のニーズに合わせて居室をしつらえる	098
05	障害を際立たせないさりげない配慮	100
06	障害特性によって異なるトイレの配慮	102
07	重症心身障害者の入浴に配慮すること	104
08	階段室で気持ちや行為を切り替える	106
09	廊下は安全な移動と快適な空間づくりを心がける	108
10	五感を心地よく刺激するスヌーズレンルーム	110
11	部屋全体を光と色で演出する	112
12	地域との共生を目指す	114

〈高齢者施設〉

13	入所施設の入口は住まいの趣で迎える	116
14	ユニットの独立性を高める入口のデザイン	118
15	食事を中心にした特養の生活空間	120
16	さりげなく見守る認知症高齢者のグループホーム	122

Contents

17 プライバシーを守りつつ孤立を防ぐ居室の仕様 ⋯⋯⋯⋯⋯⋯ 124

18 来訪者のためのトイレと高齢者専用のトイレ ⋯⋯⋯⋯⋯⋯⋯ 126

19 集団浴から個浴へ変わる高齢者の入浴空間 ⋯⋯⋯⋯⋯⋯⋯ 128

20 機械的な冷たさをカバーする特別浴室のデザイン ⋯⋯⋯⋯ 130

21 認知症高齢者の入浴は自立歩行が基本 ⋯⋯⋯⋯⋯⋯⋯⋯ 132

22 移動空間をデザインする ⋯⋯⋯⋯⋯⋯⋯⋯⋯⋯⋯⋯⋯⋯ 134

23 世代を超えて地域とつながる交流の場 ⋯⋯⋯⋯⋯⋯⋯⋯⋯ 136

〈子どもの施設〉

24 乳児は感染症に特別配慮が必要 ⋯⋯⋯⋯⋯⋯⋯⋯⋯⋯⋯ 138

25 固有のスペース、固有の持ち物を保障する ⋯⋯⋯⋯⋯⋯⋯ 140

26 安心した眠りと快適な環境を提供するために ⋯⋯⋯⋯⋯⋯ 142

27 安全への配慮 ⋯⋯⋯⋯⋯⋯⋯⋯⋯⋯⋯⋯⋯⋯⋯⋯⋯⋯⋯ 144

28 子どものスケールでしつらえる ⋯⋯⋯⋯⋯⋯⋯⋯⋯⋯⋯⋯ 146

29 幼児の生活は見守りと自立の支援が大切 ⋯⋯⋯⋯⋯⋯⋯⋯ 148

30 年齢や療法により異なる心理療法室のしつらい ⋯⋯⋯⋯⋯ 150

31 地域の子育てを支援する ⋯⋯⋯⋯⋯⋯⋯⋯⋯⋯⋯⋯⋯⋯ 152

海外の病院リスト・参考文献 ⋯⋯⋯⋯⋯⋯⋯⋯⋯⋯⋯⋯⋯⋯ 154

おわりに ⋯⋯⋯⋯⋯⋯⋯⋯⋯⋯⋯⋯⋯⋯⋯⋯⋯⋯⋯⋯⋯⋯ 157

1.

INTERIOR DE

1. 病院のインテリアデザイン

1. 病院のインテリアデザイン

01

病院の第一印象はエントランスで決まる

- 立ち寄りたくなる空間
- 凛とした風格とワクワク感が欲しい
- ハレの場のイメージで演出する

エントランスは見せ方に自由度が比較的高いエリアです。検査エリアや手術室・ICUなどは医療機器の存在感が大きく機能が優先されますが、エントランスは総合案内カウンターとロビーが主であり、演出の余地があります。立地や種類、規模などによって表出方法は違いますが、不安と緊張で強張った筋肉を空間の力でほぐし、立ち寄りやすくしたいものです。

ポイントは「凛とした風格」「穏やかなワクワク感」です。風格は病院への信頼、安心感につながり、そこにワクワクとした小さな驚きを加えることが大切です。「ワクワク」はスタッフからの要望に度々上がる言葉です。患者の心を前向きに動かす仕掛けとなります。

エントランスにはいわゆる「ハレの場」[1]のイメージがふさわしいと思います。ちょっとおしゃれをして改まって行く場所、具体的には美術館や空港、劇場、ホテルなどが挙げられます。

済生会飯塚嘉穂病院のホスピタルモールは程よい広さの2層吹抜けと白い列柱、日本の病院ではあまり見かけない朱色の床、飾られたアートによって、美術館に入ったときに感じるような静謐で凛とした空気と高揚感に包まれています。開院後10年以上経っていますが、今も美しい佇まいを見せています [→**1, 2, 3**]。

千葉西総合病院は空港をコンセプトとしています。空港の、初めての人にもわかりやすい誘導サイン、機能美を意識し、病院には冷たいと言われ避けられるメタリック素材でスタイリッシュな機能美を表現しています。地域住民の医療だけではなく医療ツーリズム[2]も担う病院となっています [→**4**]。

どちらも病院としての機能を果たしながら常に新鮮なイメージを与え、地域住民もスタッフも誇りをもてる病院として愛され続けています。

1 ハレの場：ここでは人（客人）を迎え入れるのにふさわしい場を意味する。

2 医療ツーリズム：最新の治療・検査を目的に渡航すること。観光やホスピタリティの提供も目的のひとつである。医療情報の取得が容易になり治療の選択肢が増えたが、治療費が高額になるデメリットもある。

1. Healthcare Interior Design

1

2

3

4

1 済生会飯塚嘉穂病院（設計：梓設計、福岡県、撮影：太田拓実）
近隣の歴史的建造物の景観を継承し煉瓦を使用。朱色の床と白い壁がコントラストを見せる。アートは地域の文化や植生に因んだオリジナル。

2 飯塚地方の代表的な樹木、メタセコイヤの実などをアクリルに封入し、照明と組み合わせている。

3 飯塚の風景をかたどるアイアンアート

4 千葉西総合病院（設計：伊藤喜三郎建築研究所、千葉県、写真提供：伊藤喜三郎建築研究所）
メタリック素材の仕上げは経年劣化が少なく、竣工後10年以上経っても美観が保たれている。

1. 病院のインテリアデザイン

02

気候風土に寄り添う病院

- 風土が求める色とデザインは必ず見つかる
- 熱帯地域では木陰の涼しさを再現する
- 北緯60度の地域では黄色で太陽の光を補う

生活に馴染み愛される病院づくりには、土地や気候に応じたデザインや色が
必要です。日本は南北に連なる島嶼で構成され、北は亜寒帯（冷帯）から南は
亜熱帯に至ります。その地域ごとに合うデザインを模索します。ここで紹介
する海外の事例を、気候や習慣の異なる日本に引用するのは検討が必要です
が、立地に即した病院づくりの姿勢は参考になります。

シンガポール、クー テク ポー病院のエントランスは、バレットパーキング
を彷彿させるピロティ内に車寄せとインフォメーションカウンター、ショッ
ピングモールが設けられています [→1, 2, 3]。厳しい日射を遮りつつ、外気
に開放されたデザインには気候に逆らわない姿勢が見られます。

北緯60度のヘルシンキやストックホルムの病院や施設には、アクセントや
アソートカラー[1]に大胆な黄色使いが見られます。冬の日照時間が短く夏で
も太陽高度が低いために光への憧れの強い土地です。季節性感情障害（SAD）、
いわゆる鬱症状の罹患率が高く[2]、その対策でもあると思われます。

アルヴァ・アアルトの代表作パイミオのサナトリウムは、1933年に竣工、
1950年代に結核の治療薬の発見後、一般病院となり、現在は障害のある子
どもと家族のリハビリ宿泊施設として稼働しています。当初のデザインは保
存され、エントランスから上がる鮮やかな黄色の階段やカウンターに、アア
ルトの考え方をうかがい知ることができます [→4, 5]。気候が、長い療養生
活を送る結核患者の心理に与える影響に配慮した、太陽光の色なのです。

スウェーデンのカロリンスカ大学病院の地下駐車場のエントランスは、天井
や壁に高彩度の黄色が使われています [→6]。自然と共存するための色とデ
ザインは時代を超えて継承されるようです。

1 アソートカラー：配合色。
ベースカラーの次に大面
積を占める色。

2 SADは冬場の日照時間
不足が原因と考えられて
いる。

1. Healthcare Interior Design

1

3

2

4

6

5

1 クー テク ポー病院（イーシュン、シンガポール）
亜熱帯のスコールと灼熱の太陽を凌ぐピロティ内の車寄せ

2 あずまやのようなインフォメーション

3 ショッピングモール。日常性を感じる空間

4 パイミオのサナトリウム（トゥルク、フィンランド）
アールを使ったデザインで患者をやさしく迎え入れる。

5 白とライトグレーが基調。階段のヴィヴィッドイエローが元気と明るさを与えている。

6 新カロリンスカ大学病院（ソルナ、スウェーデン）
一年中自然光の届かない地下駐車場もヴィヴィッドイエローが明るく迎える。

1. 病院のインテリアデザイン

03

原風景をかたちにする

- 地域の人が共有できる原風景をデザインする
- 慣れ親しんだ土地の特産物で仕上げる
- 大学病院にはアカデミックなイメージが求められる

地域が共有する原風景は現地調査を注意深く行うことで見つけられます。原風景のデザインは人々の記憶に訴えかけるので、親しみやすい病院づくりにふさわしいアプローチです。スムーズなプロジェクトの進行にもつながります。まずは土の色が手掛かりです。ジャン゠フィリップ・ランクロ[1]は世界各国の土を採取し、街並みをつくる色彩との関連性について『色彩の地理学』にまとめています。南仏プロヴァンスの赤味の黄土色の土と街の色とには明快な関係性が見出されますが、日本においてもその土地特有な土の色があります。馴染みのある土の色をベースとし、シンボル性のある色や原風景のモチーフをアクセントに使うと地域の人が共有しやすいでしょう [→**1**]。

鹿児島徳洲会病院ではエントランスに、シラス壁[2]と火山灰を原料にした陶磁器タイルの壁が使われています。火山灰は風向きによって街路も車も洗濯物も一瞬のうちにグレーにしてしまいますが、悪いイメージだけではなく、建材としても有効利用され、自然と共存した特産物のひとつになっています。シラス壁に映しだされるうつろう影は薩摩切子文様をモチーフにしたシェードがつくるもので、患者や家族だけではなくスタッフをも癒やしています [→**2,3**]。

千葉大学医学部附属病院はドラマのロケ地にもなり注目されましたが、「大学病院らしさ」が表出されています。3層吹抜けのアトリウムからは伝統ある国立大学病院の堂々たる風格が感じられます。全体は無彩色で堅実な姿勢を表し、安定感のある空間に天窓からの自然光が柔らかく差し込みます。リブボード[3]に走る光はガラスとの間で乱反射し、静かな湖水の水面のようです。未来に向けて新しい挑戦を続ける輝きが感じられます [→**4**]。

1 ジャン゠フィリップ・ランクロ：フランスのカラリスト（巻末参考文献13）

2 シラス壁：自然素材。消臭・抗菌効果のほか、調湿機能があるので結露の発生を抑え省エネルギーというメリットがある。

3 リブボード：アートリブパネルとも呼ばれる凹凸のある不燃ケイカル板。直線デザイン、3Dデザイン、突き板を貼ったものなど多種類の製品がある。

1. Healthcare Interior Design

1

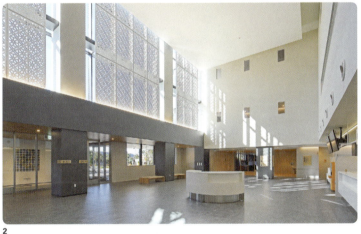

2

3

4

1 奈良県総合医療センター（設計：梓設計、奈良県、撮影：伸和）
ランクロの教示通り、病院周辺の土の色を床や壁のベースカラーに用い、原風景のモチーフとして平城京の朱雀門の色と門型を取り入れたエントランス。

2 鹿児島徳洲会病院（設計：梓設計、鹿児島県、撮影：アイオイ・プロフォート）
複雑な色柄が重なる天然リノリウムなど、テーマカラーであるグレーの濃淡でまとめたエントランス。シラス壁は消臭・断熱・調湿・清浄効果があり、鹿児島の自然がつくる恵み。

3 シラス壁に映る切子文様の影が刻々と変わり、時を告げる。

4 千葉大学医学部附属病院（設計：久米設計、千葉県、撮影：エスエス東京）
研究、教育と治療が共存する空間のイメージは、「研鑽」「アカデミズム」「信頼」。リブパネルの照明のオンオフ、晴天時と曇天時で自然光の表情が異なる。

1. 病院のインテリアデザイン

04

ヒューマンスケールな空間が心地いい

- 大きなアトリウムに低い囲みをつくる
- 屋根とアクセントカラーで緩く区切る
- 段差や曲線デザインで変化をつける

快適性の要因のひとつはヒューマンスケール、人間の感覚や動きに適した建築空間であることです。不安を抱えた患者にとって大切なことです。

大病院は一日の来院患者数を考えるとエントランスのボリュームは大きくなりますが、威圧感を感じないヒューマンスケールなつくりにできるか考えてみましょう。

ソウルのセブランス病院は、大理石がふんだんに使われた大きな吹抜けのエントランスをもつ1000床の大病院です。ワイドな動線の中の、低いパーティションで囲われた待合空間は、座ると視線は遮られ、行きかう人も気にならず落ち着けます。手の届く低い位置にある電球色の行灯照明も大空間から仕切るアイテムになっています。吸音効果のあるパネルソファ[1]とテーブルランプで代用できそうな方法です [→**1**]。

メッスのメルシー病院では、エントランス奥にオープンカフェのテラスのような溜まりをつくりだしています。張り出した上階床が屋根のようになり、斜めの支柱と背面の落ち着いた煉瓦色の壁で大空間とは緩く区切られた隠れたスペースになっています。大胆な空間デザインですが、天井よりも一段低い屋根と家具の背面のアクセントカラーがヒューマンスケールに感じさせる一つの手法なのです [→**2**]。

イギリスの通院センターは、クリニックの集合体のようなワンストップサービス[2]の無床の医療施設です。写真は、日本の地域病院の外来ほどの広さはありますが、アトリウムに段差や張出しをつくり空間に変化を与えてボリュームを小さく感じさせ、威圧感や緊張感を覚えません [→**3,4**]。木調のカウンターや家具の張り地など細かい配慮の積み重ねでヒューマンスケールをつくりだしています。

1 パネルソファ：ブースソファとも呼ばれ、パーティション付きのソファ。大空間に設置するだけで囲われ感がある。吸音効果のある柔らかい素材だとさらにプライベートな感覚が増す。

2 ワンストップサービス：検査を含め1カ所でさまざまな医療サービスが提供される場所

1. Healthcare Interior Design

1

2

3

4

1 セブランス病院（ソウル、大韓民国）
アトリウムの自然光と白色の全般照明に対して、囲いの中は電球色の照明が低い位置にある。光環境に大きな差がある。天井は1層分のヒューマンスケールに抑えられH800mmほどの囲いの中のベンチはダークカラー。

2 メルシー病院（メッス、フランス）
ウォームホワイトで統一された明るいエントランスホールの中でダークトーンの煉瓦色の壁が落ち着いたくぼみコーナーをつくりだす。逆三角形の列柱が程よく視線を遮っている。

3 カーライル・センター（ベルファスト、イギリス）
アトリウムに張り出した曲線部分に診察室前の待合スペースができている。ダルトーン3色のアームチェア、張出しが屋根になった1階の受付カウンターもヒューマンスケールの構成要素。

4 段差を利用した小児科待合に、身近な小さな生き物を見せる水槽とカラフルな子ども用の家具。

1. 病院のインテリアデザイン

05

ランドマークで迷わない病院づくり

- 円弧でやさしく迎えるカウンター
- 一度通ったら忘れないデザイン
- モダンアートの壁画で位置認識

院内の移動は、人が案内できれば理想的ですが、人手不足で常に付きそうことは難しいため、ランドマークとなる目印をインテリアで補います。人の行動特性を利用して自然に誘導するウェイファインディング[1]の手法の例を紹介します。

まずはピクトサインがなくてもわかりやすく寄り付きやすいインフォメーションカウンター。ハンブルクのアスクレピオス病院では天窓からの自然光とモノトーンベースの明るいエントランスの入口近くに円形のカウンターがあります。サインはありませんが、全体的に横の直線ラインが強調されたシャープな空間の中で、曲線が目立つと同時に円弧でやさしく患者を迎える姿勢が表れています [→1]。壁面の、スタッフを身近に感じる似顔絵アートも印象的です。日本ではバックヤードを見せないのが通常ですが、スタッフ食堂を見せる壁面の正方形の窓は動く絵のように特徴的な風景になっています [→2]。

パリの小児病院には、一度通ったら忘れないカウンターがあります。天窓から下がるアートも印象的ですが、凹凸の形がつながる遊び心のある入退院受付カウンターは、病院の堅いイメージを払拭し、楽しく誘導するウェイファインディングの役割を果たしています [→3]。位置認識のために天井パネルに色づけしているのも珍しい方法です [→4,5]。

フランクフルト大学病院のエントランスは、コンクリート打放しの壁の奥にある、オレンジがアイキャッチになった受付に自然に導かれます [→7]。その先にある吹抜けから見渡せる壁面には、大胆な抽象デザインのモダンアートが施され、案内しやすく迷いにくい手法が取り入れられています [→6]。

1 ウェイファインディング：サインだけではなくインテリア全体で自然に誘導する手法。

1. Healthcare Interior Design

1

2

3

4,5

6

7

1 アスクレピオス病院（ハンブルク、ドイツ）
シャープな直線デザインの中の丸いインフォメーション

2 似顔絵アート。壁に設けた窓からスタッフ食堂が見える。

3 ネッカー小児病院（パリ、フランス）
色も形も個性的な入退院受付カウンターと天井アート

4,5 天井パネルをエリアごとにオレンジ系とグリーン系の反対色で色分け。普段天井は目に入らないが、ウォールペインティングとともに、天井の色が位置認識の役目を果たす。

6 フランクフルト大学病院（フランクフルト、ドイツ）
吹抜けに面した壁面アートで特徴をもたせた誘導。

7 印象が強く残る仕掛けはスタッフが患者に教えやすく、再訪時に迷うことが減少する。

1. 病院のインテリアデザイン

06

色が有効に働くためのポイント

- サインの色数は2、3色に抑える
- 包む色はモノトーンベース
- 変化のある色とデザインでモチベーションを高める

スムーズな誘導のため、文字情報に加えて、色を補助的に使う方法があります。多色にすると情報が煩雑になるので各階や部門別ではなく、棟ごとや縦割りで最小限の色分けをします。2、3色であればスタッフがわかりやすく患者を案内できます。

シンガポールのチャンギ病院では吹抜けに面した外来入口に鮮やかな色彩のデザインフィルムが貼られアイキャッチになっています [→**1,2**]。廊下まわりの壁は白とメタリックシルバーに統一され、彩度対比で視認性が優れています。サインなどのアクセントカラーを引き立たせ、次の行動を促す機能をもたせるためには空間のベースカラーはモノトーンに抑えるのが効果的です。

小牧市民病院の外来まわりも、サインを目立たせる黒のマジック[1]が働いています。木調以外はモノトーンで統一、カウンターバックやエレベーターホールの壁は黒に近い墨色のダークグレー、サインの地色は市のロゴマークに使われているオレンジの彩度を落として調整し、明度・彩度対比で黒が隣接する色の魅力を最大限に引き出しています。また、ここでは商業施設や劇場のような賑わいと華やかさを表出するために壁はマットに、サインとエレベーターホールの天井は全艶仕上げ[2]とし、マットと艶の質感の差でさらにアクセントカラーの視認性を高め、モチベーション[3]を高めています [→**3,4**]。

ハンブルクのアスクレピオス病院の階段室の壁はオレンジから黄色へのグラデーションがアートのような存在感をもっています。モノトーンベースだからこそ彩度コントラストで色が映え、上階に上りたくなります [→**5**]。人は単調な空間を嫌い、変化を好みます。落ち着いたベースカラーで統一感をもたせ、変化のあるデザインと色の力で自然に誘導します。

1 黒のマジック：黒は色のなかで一番彩度も明度も低く、隣接した色を彩度対比、明度対比によって鮮やかに明るく見せる力がある。渋い色の和菓子も黒の漆器皿に載せると生き生きした色になり美味しそうに見えるのも対比の効果。

2 全艶：光沢度が70%以上の艶。塗装は反射光がないマットなほうがしっとりと落ち着くが、内装は三分艶が一般的。

3 モチベーション：次の行動を誘発する動機付け。

1. Healthcare Interior Design

1

2

3

5

4

1,2 チャンギ病院（シメイ、シンガポール）
吹抜けから見える明快な色使いが確実な誘導を促しアクティブな雰囲気を与えている。

3 小牧市民病院（設計：梓設計、愛知県、撮影：エスエス名古屋、以下4まで）
病棟階に上がるエレベーターホールを劇場のホワイエに見立て賑わいを表出。

4 外来ブロックサインは全艶仕上げで商業施設のような明るく楽しいイメージ。

5 アスクレピオス病院（ハンブルク、ドイツ）
縦動線の位置をわかりやすくし、色彩が上りたくなるモチベーションを高めている。

1. 病院のインテリアデザイン

07

病院内に居場所をつくる

- 自然の風を感じる空間が欲しい
- 床の貼り分けで落ち着いた居場所をつくる
- 病気と共存するためのながら待ちの仕掛け

最近は呼び出しシステムも進化し、待ち時間をロビーやカフェで過ごせる病院も増えましたが、待ち時間は、できるだけ和やかな気持ちで待てるようにしたいものです。心地のいい居場所をつくることと「ながら待ち」の仕掛けが大切です。

リフレッシュして前向きな姿勢になるには、身体で感じる自然の風がとても大切だという患者の体験談をよく耳にします。クー テク ポー病院などのように植物園のようなグリーンウェルに面したテラスは瞑想にふけることもできますし、家族もそれぞれよい時間を過ごしています [→**1,2**]。屋上庭園などの小さなスペースでも有効活用できるでしょう [→**3**]。日本は梅雨もあり、オープンエアは日射や雨への対策を要しますが、街中のカフェを参考に、オーニングや簡単なビニルの囲い、暖房器具などの使用で工夫は可能と思われます。混み合う待合の感染対策にも有効です。免疫が落ちている患者が精神的な苦痛なく安心して待てる空間をつくりたいものです。

大空間の中で落ち着いた居場所をつくるにはパーティションやハイバックの家具も役立ちますが、動線と領域を分ける方法としてペンシルバニアのハーシー医療センターのような床の貼り分けも効果的です。溜まりのスペースは床の明度を落とすと落ち着き感が増します [→**4,5**]。

イギリスの通院センターには「ながら待ち」の仕掛けとして、待ち時間に情報収集できるブースが設置されています [→**6**]。出入りの多いアトリウム空間にありながら緩やかな隔ての小さなスペースは完全に個室空間になっています。今後は病院内にもウェブ会議ができるブース[1]があると便利かもしれません。多様化の社会には多様な居場所が必要です。

1 オフィスや駅などに設置されているテレワークブース。電話ボックスのようなブースにデスクとWi-Fi、電源が備えられている。

1. Healthcare Interior Design

1

2

3

4

6

5

1,2 クー テク ポー病院（イーシュン、シンガポール）
混み合った待合室は院内感染の心配もある。気分に合わせて選べる屋外の待合コーナーはますます需要が増えそうである。

3 ノベナ病院（ノベナ、シンガポール）
病室と病室の間に挟まれた屋根付きのテラス。病棟では外気に触れるチャンスはないので「風を感じるデイルーム」として活用できる。

4 ペンシルバニア州立大学ハーシー医療センター（ペンシルバニア、アメリカ）
石材の床からカーペットに切り替えると足裏から柔らかい感触とともに安定感が出るので落ち着く居場所となる。

5 フローリングの上のラグマットでエリアを分けると空間に仕切りができる。さまざまな家具の色がアートのように見える。

6 カーライル・センター（ベルファスト、イギリス）
通院センターのエントランスに設置された「pod」。健康維持の情報を得ながら待ち時間を過ごす。

1. 病院のインテリアデザイン

08

待合の診察前ストレスを軽減

- 美観保持しやすい仕上げ材を使う
- 吸音できる仕上げ材で静かな待合
- 患者への尊重を表現する

外来待合は、待つ患者数も待ち時間も想定通りにいきません。必要以上に早くから待つ患者は多いものです。診察前の緊張や疲労には、美観と機能面からアプローチします。

気持ちよく過ごせるように待合は、まず美観保持できる仕上げを選択します。東京都済生会中央病院外来棟は床から扉枠上端まで不燃化粧板で壁面保護し、竣工から15年以上経った現在も美観を保っています［→1］。

中部国際医療センターでは、車椅子などによる壁の損傷に配慮し、H300の硬質塩ビ巾木で保護しています。この場合、硬質巾木、ソフト巾木ともに色が限定されるので、主要な要素としてデザインします。またサインの高さ[1]を揃えるとすっきりと見えます［→2］。

人が多い待合は、吸音も大切です。天井は吸音性の高い岩綿吸音板が適切です。病院は床に長尺シートを使うことが多いのですが、吸音を重視する場合はタイルカーペットが、施工性もよく適材です。

奈良県総合医療センターでは診察室までの動線（廊下）をタイルカーペット、眺望のよい待合は木調タイルで、奈良の町家の縁側をイメージしています。廊下と待合は、物件ごとのデザインや考え方によって吸音を計画します［→3］。

カーペットは、足裏の柔らかな感触も、尊重されている実感を与えますが、感染対策面から清掃性、キャスター走行性を懸念されることもあります。交換性があり、消毒にも褪色しにくい原着ナイロンタイルカーペット、その場で洗える防水・防滑性に優れた高密度植毛パイルは、掃除の簡便性以外の条件をクリアできます。近年、ベッドやワゴンのキャスターが改善され、毛足の短いカーペット上ではスムーズに動かせるようになりました。仕上げ材を吟味し、待ち時間を少しでも和やかな気持ちで過ごせるようにしたいものです。

1 サインの高さ：ここでは壁の室名サインと扉の室番表示の下端の高さを揃えているが、病院内のサインは車椅子に乗った高さからの視認性も考慮してH1300〜1400mmにする場合が多い。

1. Healthcare Interior Design

1

2

3

1 東京都済生会中央病院外来棟（設計：久米設計、東京都、写真提供：久米設計）
扉枠上端まで衝撃に強い不燃化粧板の壁面保護で美観保持。ライトグレーの部分は深みのある浮造りの表面加工で質感がある。周辺のオフィス環境にも馴染む無彩色ベースに臙脂色のアクセントがシャープ。床はカーペットの吸音性で静かに待ち時間が過ごせる。

2 中部国際医療センター（設計：久米設計、岐阜県、撮影：ロココプロデュース）
診察室側をやさしく明るい印象にする間接ライン照明。それを受ける上部の白クロス、扉の焼付塗装、手すり、足元の硬質巾木といった異素材の色を統一することによって横ラインが強調され、すっきりとしたデザイン。H300mmの硬質巾木で車椅子による壁の損傷を防ぐ。

3 奈良県総合医療センター（設計：梓設計、奈良県、撮影：伸和）
眺望のよい大きな窓に面した待合は縁側風。窓に向かってパーソナルチェアを多く並べるようにしている。外来・病棟ともに静かな病院づくりのためのカーペット仕上げ。

1. 病院のインテリアデザイン

09

見えないことへの不安を軽減する

- プライバシーを確保し気配が感じられる隔て
- スタッフの動きを見せる
- 透明な素材で医療の信頼性・透明性を与える

人は、見えないことや知らないことには不安を覚える傾向があります。緊張が高まる外来待合は、一般には、診察室側の壁は引戸と呼び出しモニターが並び、中の様子がわかりません。扉と戸袋がほとんどを占める壁ですが、工夫の余地はあります。

ジャカルタの国立脳神経病院やバリのBIMC病院で診察室と待合がガラス窓で隔てられており、新鮮に感じられました。バーチカルブラインドでプライバシーを確保しつつ、中の気配が伝わり待合との一体感があります[→**1**]。エスポー病院でも扉の上部に透明ガラス、横に曇りガラスが使われ、閉塞感はかなり軽減されています[→**2**]。

病院のインテリアに求められる「信頼性」「透明性」は重視されるイメージです。外来まわりの諸室の壁にガラスを入れることで、病院全体の雰囲気を透明化し、不安の払拭に一役担います。

ニュルンベルク北病院の外来のスタッフの諸室や、ブライトンの小児病院には、オフィスが見える窓があります。スタッフの働く姿が見えると親しみと安心、信頼につながります[→**3,4**]。ガラスの使用は強度の確保、価格、飛散防止フィルムを貼る手間に加え、日本ではスタッフが働く姿を見せたくないなど、敬遠される傾向があるように思われますが、ガラスのメリットを再検討してほしいと思います。

中の気配が感じられることはスタッフにとっても重要です。病棟の重症個室はスタッフステーション前に配置し、框扉で患者の様子を観察できるように計画します。ヒアリングではプライバシー確保のため、病室内側にカーテンの設置を要望されることが多いのですが、カーテン越しであっても中の気配を感じ、スタッフは安心して見守ることができます。

1. Healthcare Interior Design

1 インドネシア国立脳神経病院（ジャカルタ、インドネシア）
正面が診察室。中の電気がついているとバーチカルブラインド越しにガラス面近くの気配が感じられ閉塞感はない。

2 エスポー病院（エスポー、フィンランド）
天井と扉横の縦スリットのデザイン。貼られているガラスフィルムで閉塞感は軽減される。

3 ニュルンベルク北病院（ニュルンベルク、ドイツ）
薬剤室はじめスタッフの諸室がほとんどガラスで仕切られており働く姿が見える。

4 ロイヤルアレキサンドラ小児病院（ブライトン、イギリス）
待合に面したオフィスの大きな窓は吹抜けの上階からも一望できるが、特に隠すこともない。親近感と信頼感に大切な窓の存在。

1. 病院のインテリアデザイン

10

大型医療機器が与えるストレスを軽減

- ハイテクで未来的な印象を与えて信頼感を得る
- ポップな表現で気を紛らわせる
- 色光の変化で緊張を和らげる

MRI検査中のストレスは個人差があるとはいえ身体の変調に不安を感じながらの検査は気持ちのよいものではありません。閉塞感の軽減は新しい機器の開発が待たれますが、検査室の印象をインテリアで和らげることは可能です。検査を受けるからには最先端の機器で隈なく身体を探り的確な治療を見出してほしいものです。ハイテクな機器の機能面を前面に出してクールに見せるのも信頼感を得るひとつの方法だと思います。SF映画に登場する宇宙船内を彷彿させるような未来的な空間のほうが先端医療にはふさわしいかもしれません [→1]。

楽しいポップなイメージを与えるアートと照明デザインで気を紛らわせている例もあります。タンゲランのシロアム病院では検査室に入るとまず正面に飾られた絵画に目が奪われます [→2]。不思議な絵画と淡いピンクの壁面で検査室らしくない楽しい雰囲気には、一瞬気を紛らわせる効果があります。またハンブルクのアスクレピオス病院では虹色に変化する光源が天井に仕込まれ、部屋全体を包みます。色光がグラデーションで変化することによって緊張感を和らげる効果を狙っています [→3]。

検査のストレスを軽減するためにさまざまな取り組みをしているようですがジャカルタのシロアム病院の高層階にあるCT室はまるでほかの部屋と変わらず、普通に窓があるのです [→4]。高層階なので窓の外に害を及ぼさない[1]という考えからでしょうが、自然光と外の景色があるだけで大型医療機器の威圧感も軽減しているのです。改めて自然の力の大きさに感心させられた瞬間でした。バーチャルリアリティの技術も日々進んでいます。検査室に擬似窓をつくるなど緊張やストレスを和らげる方法はまだ探ることができそうです。

1 通常CT室、MRI室は電磁波が外部に影響を及ぼすことから検査室は遮蔽されるのが原則。

1. Healthcare Interior Design

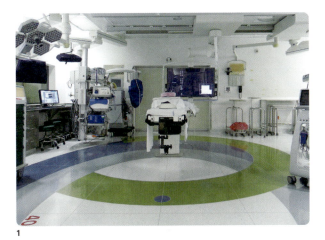

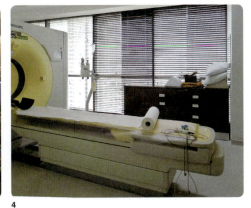

1 ブリガム・アンド・ウィメンズ病院（ボストン、アメリカ）
床デザインは磁場の表示、機能をもったデザイン。未来的なイメージのMRI検査室。

2 シロアム病院（タンゲラン、インドネシア）
天井照明デザインのこだわりとモニター壁の木使い、大胆でポップなイラストパネル。検査室のインテリアにかける熱意が感じられる。

3 アスクレピオス病院（ハンブルク、ドイツ）
アンギオ室（血管造影室）。7色に変化する光源は長時間治療の患者の緊張感を軽減する配慮。検査室全体に浮遊感が生まれている。

4 シロアム病院（ジャカルタ、インドネシア）
窓から外の景色が眺められると検査の怖さが半減する。高層階ならば窓のあるCT室も可能なようだ。

1. 病院のインテリアデザイン

11

患者とドクターのコミュニケーションを円滑にする診察室

- 診察の妨げにならない色と光
- 対話しやすい患者とドクターの位置関係
- 窓のある診察室でストレス軽減

診察室のインテリアは診察の妨げにならない色、照明、またコミュニケーションのとりやすさを優先します。

ドクターが顔色を見るのに内装の色が影響を与えないよう、一般診察室は無彩色にしますが、低彩度（マンセル値1以下）のベージュ系なども問題ありません。ドクターズデスク側の壁はモニターを見やすく、目が疲れないように明度を落とします。空間にリズムが生まれ、患者の気持ちを落ち着かせる効果も期待できます。

照明は、天井に全般照明を2灯設置する事例が多いのですが、全体的に柔らかく包む間接照明、デスクライトや処置灯などの部分照明をシーンに応じて選択できるほうが、機能的で安心感を得る光になります。演色性は平均演色評価数 Ra90以上、照度は500lxをJISが推奨しています[1]。

患者とドクターの座る位置は角度をもたせる工夫をします [→1]。ドクターズデスクの一端を丸くし、患者が丸い側に座ると、患者とドクターの位置がモニターを中心に90度になり、モニターを一緒に見ながら安心してコミュニケーションがとれます[2]。

アメリカの病院では椅子を兼ねた油圧式の昇降診察台が多く、ドクターが立って診察をするとき、視線が患者と同じ高さになります [→2]。目線の高さ、角度の関係はよい参考になります。

過度な緊張を解くために何よりも大切なのは窓の存在だと思います [→3]。中東遠総合医療センターは患者がドクターのほうに向いたときに、目線の先にスタッフ廊下を介した大きな開口部があります [→4]。緑と自然光が入り、抜け感のある診察室は緊張が和らぎ、落ち着いて症状を的確に伝える余裕も生まれます。ドアノブ・クエスチョン[3]も減るかもしれません。

1 照明基準総則 JIS Z 9110: 2010（保健医療施設）

2 90度の位置：医師と患者がモニターを挟んで90度の位置になるのが安心できる位置関係。並ぶのも向かい合わせの位置も緊張関係になる。

3 ドアノブ・クエスチョン：医師の間で知られている用語。患者が診察を終えて帰りがけにドアノブに手を掛けたとき、最後に一番気になっていることを聞く行為。ストレスの少ない診察室の環境であればコミュニケーションも良好になる。

1. Healthcare Interior Design

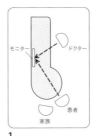

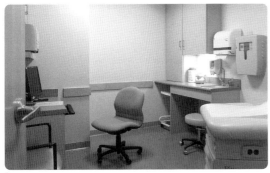

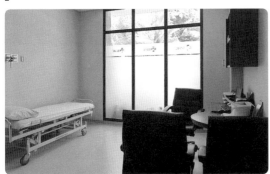

1 デスクの角を丸くすると、限られたスペースでよい関係、位置が保てる。

2 パールマン先端医療センター（フィラデルフィア、アメリカ）
油圧式昇降診察台はアメリカでは定番。患者が先に診察台に座っている場合が多い。

3 BIMC病院（バリ、インドネシア）
床からH1800mmまですりガラス調のフィルムでプライバシーは確保されている。外の緑を取り込む明るい診察室。

4 中東遠総合医療センター（設計：久米設計、静岡県、写真提供：久米設計）
各外来ブロックが中庭を挟み、スタッフ廊下越しに庭が見える設計。患者の安心感と、就労環境の改善の両立が図られている。

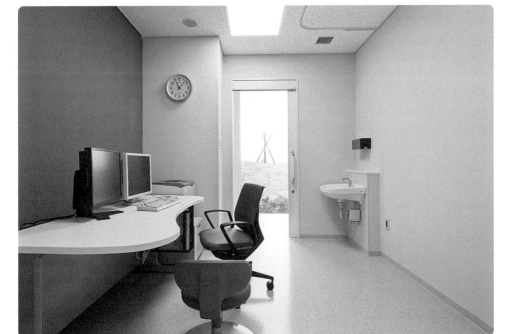

1. 病院のインテリアデザイン

12

精神的な安定と迅速な動きを促す救急外来

- 興奮を鎮める色は「青」
- 明度コントラストでスタッフに活力を
- シンプルで軽快なアートが気持ちも軽くする

事故や病状急変のために救急車で搬送された患者はもちろんのこと、付き添いの家族の動揺・不安は計りしれません。

救急車やERの赤のサインでより血圧が上がり緊張感が高まる人も多いと思われます。多くの救急外来ではこの緊張感を軽減するために青をアクセントやアソートカラーとして使用しています。色には人間の感情を動かす心理的効果と、身体的な影響を与える生理的効果があり [→4]、青は血圧や心拍数を下げ、筋肉の緊張を和らげることが生理学的に証明されています[1]。興奮を鎮め、冷静な判断を促す色なのです。

患者の待合エリアでは淡いベージュやライトグレーなどをベースに明度対比や彩度対比で、アクセントとして青を使用するのがバランスよく、効果的な使い方です。

聖マリアンナ医科大学病院の救急の床はキャスターの付いた機器が頻繁に横行してもめくりや傷がつきにくい耐動荷重性に優れた単層塩ビシート[2]です。色はスカイブルーのアクセントを引き立たせる高明度のクリームベージュをベースにし、寒色に偏らないように暖色とともに配色し色の温度感を整えています [→1]。他方、スタッフが主に使用するANGIO-CT室[3]では壁の一面のみにダークブルーの化粧ケイカル板を使い、白との強い明度コントラストを出しています。メリハリある配色でスタッフの活力を高め、迅速かつ冷静な行動を促します [→2]。

アスクレピオス病院は他のエリアと統一感のあるシンプルな内装ですが、待合に設置されたアートは、ライトブルーと白とレモンイエローのさわやかな配色とリズミカルな直線構成のグラフィックデザインです。冷静でありながら活動的で、患者も救急隊員も軽快に迎え入れています [→3]。

1 参考文献：フェイバー・ビレン著『ビレン色彩学の謎を解く』青娥書房、2003年

2 単層塩ビシート：全層模様が同じ構造の塩ビシート。金太郎飴のように削っても同じ模様なので研磨によって傷を修復できる。

3 ANGIO-CT：アンギオ（血管造影）とCT（コンピューター断層撮影）を組み合わせた複合医療機器。

1. Healthcare Interior Design

1 聖マリアンナ医科大学病院（設計：梓設計、神奈川県）
救急待合。柔らかい印象のクリーム色をベースにスカイブルーのアソートカラーで鎮静効果を与え、患者と家族の心を落ち着かせる。

2 救急ANGIO-CT室。医療機器が走るレール部分の床は白、両側はライトブルーの単層塩ビシート。天井・壁のベースは白、操作室側のみダークブルーの化粧ケイカル。メリハリのある配色でスタッフに適度な緊張感と活力を与える（撮影：太田拓実）。

3 アスクレピオス病院（ハンブルク、ドイツ）
救急待合にふさわしい直線デザインのリズミカルなグラフィックアート。

4 色の心理的効果と生理的効果

色の心理的効果				
色相	暖色	赤・黄赤・黄	暖かい・積極的・活動的・喜び・元気・興奮・激情・怒り
	中性色	緑・紫	中庸・平静・平凡・安らぎ・寛ぎ・若々しさ・優しさ
	寒色	青緑・青・青紫	冷たい・消極的・沈静的・落着き・寂しさ・安息・涼しさ
明度	高明度	白・淡い色	軽い・優しい・清潔・純粋・柔らかい
	低明度	黒・暗色	重い・重厚・厳しい・硬い
彩度	高彩度	原色	活動的・派手・目立つ・陽気・強い
	低彩度	グレイッシュ	落ち着き・地味・渋み・弱い

色の生理的効果	
赤	筋肉の緊張。血圧上昇。呼吸促進。鬱病と闘う。
オレンジ	心拍数を軽度に増加。情動を刺激。消化液の分泌を促す。
黄	陽気。視覚を刺激。
緑	血圧を下げる。精神の緊張を解き毛細血管を拡張。鎮静。不眠、ヒステリー、神経疲労などへの治療効果。
青	血圧を下げる。筋肉の緊張を和らげる。呼吸、心拍を鎮静する。目の瞬きを減少。緑よりも心を和らげる。過剰だと鬱傾向をもたらす。寒さを感じる。
紫	心、肺、血管の器質的な抵抗力を高める。鎮静。

1. 病院のインテリアデザイン

13

高機能で制約の多い手術室にも安らぎを

- イメージの決め手は床の色
- 高明度ならば床の色に制限はない
- 窓のある手術室は緊張感を和らげる

手術室は治療空間のなかでも高度な機能が求められる中枢部であり医療機器に囲まれた空間です。患者にとっては不安が高まる場所であり、緊張を和らげる配慮がインテリアに求められます。

天井は空気清浄フィルター、照明などの設備が配され、インテリアを検討できる部分は限定されています。壁はステンレス素材がほとんどを塞ぎ、そのほかは化粧ケイカルです。床の色を映しだすので白の選定をすすめます [→**1**]。

床は重歩行・耐薬・耐荷重性のほか、帯電防止性が求められる場合もあります。単層塩ビシートは、色、柄にバリエーションがあり、手術室のイメージづくりの決め手となります。

床の色柄で検討課題になるのが落とした手術針が見つけやすいか否かです。術後の清掃において重大な問題ですが、無地と細かい地模様のある単層塩ビを比較検討したところ、髪の毛のように細い手術針はどちらの上でも見えづらいものでした。グレーの濃淡の模様を避け、無地にこだわらず、色数の多い材料でバリエーションを活かしたいものです。

30年以上前、手術室の多くはアメリカの色彩調節の考え方から血液の残像を防ぐ補色であるグリーンの内装でした。近年は手術時間の短縮や患部からの出血の減少により、色の自由度が増しました。清潔域の意識は前提ですが、高明度であれば色に制限はありません [→**2**]。

未麻酔・歩行で手術室に向かう患者、長時間手術エリアに勤務する麻酔医にも快適な環境を整え、患者の年齢やクリーン度[1]などに合わせた床選びが大切です。

そして窓の存在も重要です。天気や時間の移り変わりがわかり、外の世界とつながっている実感は、患者とスタッフの心を和らげるのです [→**3**]。

1 手術室のクリーン度：クラス100のバイオクリーンルームは人工関節などを埋め込む手術を行う無菌室。一般手術室はクラス10000。数字が小さいほどゴミの少ない空間を意味する。

1. Healthcare Interior Design

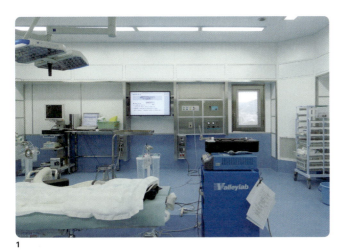

1

2

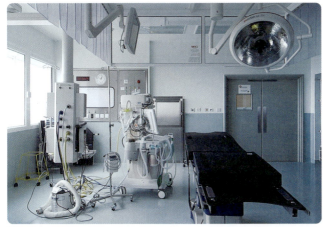

3

1 足利赤十字病院（設計：日建設計、栃木県）
先端医療のイメージ、信頼性を与える。クリーン度の高い中央は3000×4000mmで貼り分けし境界をつくる。床面の凹凸がないよう下地はセルフレベリングを施し、耐動荷重性の高い材料で清掃性に配慮した巻上げ工法で施工。窓は小さくても患者やスタッフにとって外とつながる大事な存在。

2 聖マリアンナ医科大学病院（設計：梓設計、神奈川県）
小児科手術室。柔らかなピンクベージュの内装。小児科病棟と同じオリジナルグラフィックデザインのインクジェットシートを正面の壁に貼り、子どもの恐怖心を軽減。日帰り手術や年齢など、目的や対象に応じた色の選定が好ましい。

3 ロイヤルアレキサンドラ小児病院（ブライトン、イギリス）
近くの海が一望できる窓は、患者に開放感を与え、外科医、麻酔医、清掃スタッフの就労環境を整える大きな役割を果たす。欧米では窓のある手術室は珍しくないが日本ではなぜか普及していない。手術ホールに1カ所は外との接点を感じる窓を設けたい。

1. 病院のインテリアデザイン

14

大人も子どもも安心できる小児外来

- ・大人も落ち着ける色環境をつくる
- ・子どもを一人の人間として尊重する
- ・子ども目線でワクワクする仕掛けをつくる

小児科は新生児から成人するまでを対象としますが、一般的には思春期までの子どもが通っているようです。スタッフからは幼児や低学年を対象としたカラフルな空間の要望が聞かれますが、背丈・骨格、精神的にも変化する成長期なので、ターゲットに迷うところです。幼児期は高彩度の色に興味を示しますが、ベースは低彩度で包み、アクセントやアソートカラーは3色相までに抑えると、病児も大人も落ち着ける色環境になります。子どもは側にいる大人の心境を即座に読みとるので、大人の安定感を得る環境づくりも大切なのです [→**1**]。

子どもの立場に寄り添ってスムーズな治療の手助けをするチャイルド・ライフ・スペシャリスト[1]によると、子どもへの十分なインフォームドコンセントを行い、CT室などを下見したうえでの検査や治療は、麻酔が必要なくなるそうです。インテリアも子どもを一人の人間として尊重します。千葉西総合病院では感染対策にも配慮し、外来入口に子ども専用の扉を設けています [→**2,3**]。

スムーズな診察のためには玩具で子どもの気を惹くほかに、診察室までの道のりに適度にワクワクする仕掛けをするのも有効です。ブライトンのロイヤルアレキサンドラ小児病院には子どもの視線の高さに覗き窓を設けています [→**4**]。埼玉県立小児医療センターでは、この手法を参考に、丸・三角・四角の基本図形と基本色相3色とオレンジを組み合わせた覗き窓やサインを設置し、遊びながらの誘導を図っています。幼児や発達障害のある子どもの弁別に配慮した色と形です。スタッフ手作りの造形は季節によって変化が楽しめ、絵本作家がデザインしたアートとともに子どもの心をつかんでいるようです [→**5,6,7**]。

1 チャイルド・ライフ・スペシャリスト：CLS（Child Life Specialist）とも呼ばれる。医療環境にある子どもや家族に、心理社会的支援を提供する専門職。アメリカに本部があり多くの病院で一般的なものになっている。

1. Healthcare Interior Design

1 奈良県総合医療センター(設計:梓設計、奈良県、撮影:伸和)
壁面の積み木のようなアート(家具制作の廃材を利用)が子どもを惹きつけ診察室への誘導をスムーズにする。3色以内の色相で落ち着きと適度なワクワク感を演出。

2 千葉西総合病院(設計:伊藤喜三郎建築研究所、千葉県)
尊厳を守る子ども専用の扉。感染防止のために小児外来はパーティションで分ける。

3 エントランスに降りてきた宇宙船のような小児専用待合。目を惹く形状で引き込み、大人が見守りやすい囲みで安全を確保。

4 ロイヤルアレキサンドラ小児病院(ブライトン、イギリス)
大人がスタッフと話している間、視線が低い子どもの興味を惹きつける覗き窓がカウンターの下部にある。

5 埼玉県立小児医療センター(設計:久米設計、埼玉県)
2歳ぐらいから初歩的な形の概念を形成する。発達障害のある子どもも弁別できる基本図形と4色を使い受付への誘導を図る。覗き窓にはアートコーディネーターがプロデュースした作品が入り、待ち時間も飽きないように配慮。

6,7 絵本作家tupera tuperaのアートによる幼児等身大のお友達が案内役。

1. 病院のインテリアデザイン

15

時代はジェンダーレスな産科へ

- 求めるのは女性らしさよりも特別感
- 柔らかいトーンで安心感を演出
- シンプルなデザインはジェンダーレス

出産は今や女性だけのものではなく、男性も一緒に乗りきるイベントとなっています。立会い出産も珍しいことではなく、両者にとって安心できる空間にする必要があります。少子化が進み、出産は希少な機会でもあり、一般外来と差別化したもてなし感が求められます。

クリニックではモリス調のトラディショナルなインテリアが好まれることもありますが、総合病院では全体の統一感の中、色によって変化をつけるのが違和感のない方法です。子どもを授かった喜びと同時に妊娠後の身体的な変化に敏感になっている女性は少なくありません。不安を軽減するためにソフトトーンで包みこんであげたいと思います。

奈良県総合医療センターではほかの科との差別化でミモザをイメージしたイエローをアクセントにしています。春の訪れを告げるミモザの花は柔らかい感触で温かい印象を与えてくれます。低彩度の落ち着いた色は男性にも違和感がありません [→**1**]。

パリのポール・ロイヤル・マタニティ病院は外来全体のベースカラーを無彩色で統一、水中分娩やフリースタイル出産の設備も備えた分娩室や内診室の壁にレモンイエローのアクセントとアートが加えられています。ペンキ仕上げのさわやかな印象です [→**2**]。

病棟は機能的でシンプルな印象の無彩色ベース。廊下・病室ともに床巻上げ仕上げ、上は壁面保護材で耐久性・メンテナンスに配慮されています。沐浴用シンクを備えた病室はミントブルーのベッドヘッド、照明とメディカル・コンソールがシルバーメタリックでシャープなデザインです [→**3,4**]。

シンプルで軽快なデザインは冷たすぎず、若い世代にちょうどよいジェンダーレスな空間であるようです。

1. Healthcare Interior Design

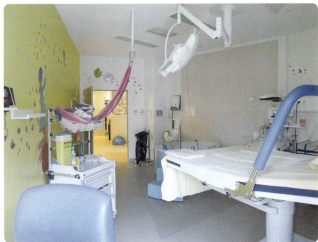

1 奈良県総合医療センター（設計：梓設計、奈良県、撮影：伸和）
待合の床はウォームグレーのタイルカーペット、壁ベースはライトグレー、コアの壁のイエローのアクセントで特別感を表出。彩度が抑えめなので性別や年齢を問わず好まれ、落ち着きと安心感がある。

2 ポール・ロイヤル・マタニティ病院（パリ、フランス）
フリースタイル出産のための水中分娩浴槽や産み網などの設備がある分娩室。グレーと白ベースにさわやかなレモンイエローのアクセント。シンプルなインテリアに楽しい壁面アートが施されているが、男性にとっても可愛すぎない色とデザイン。

3 病棟廊下も病室も床材巻上げに壁面保護材でハードな使用に耐えられる仕上げ。ミントブルーの不燃化粧板に医ガスやコンセント、照明などの機能面はメタリックシルバーでシャープな印象だが温かいブルーで柔らかさも与えている。

4 沐浴用シンクを備えた病室

1. 病院のインテリアデザイン

16

精神科外来はストレスを抱えた患者のサードプレイス

- センシティブな患者の心に寄り添う
- 日常性を感じる空間
- 安心感を与えるテラスに続く診察室

精神科病院が、塀の向こう側の世界であった時代は遠い昔。ストレスフルな現代社会では精神科の疾病はとても身近で、社会の認識も変わり外来患者数は増加傾向です。早期であれば仕事など社会とつながりながら通院できるので、気軽に行きやすい雰囲気をつくることが大切です。

愛知県精神医療センター（旧愛知県立城山病院）は地域に開放され、近所の子どもが遊ぶ様子が見える、丘の上の公園のようです。エントランスホールは程よい広さで大きな開口部によって庭と一体感のある空間です。自然光は十分ですが、アースカラーに包まれた2層吹抜けのアトリウムに下がるペンダント照明がアクセントになり、軽やかな印象です。

ホールの家具は、人の動きに敏感な患者の心理に配慮しパーソナルチェア[1]が設置され、空間の色やデザインとともに、備品もトータルに計画され、患者のスムーズな導入を図っています［→**1**］。

芝生が広がるテラスに面したカフェコーナーは日常性を感じる空間です［→**2**］。天然木ルーバーの天井とタイルの個性的な配色が病院の中であることを忘れさせ、地域の人も違和感なくランチに訪れるスペースです。

外部には開放的ですが、内部は隣地とは出入りできない中庭に接しています。その守られた中庭にテラスを通じて出られる診察室は患者の気持ちを和やかにします。また、患者が興奮したときに、ドクターが避難できる安心なつくりです。だれにとっても心地よいテラスのある診察室のつくりは、他の診療科でも参考となります［→**3**］。

センシティブな精神科患者が自宅や仕事場以外で安心して過ごせるサードプレイスとして、日常性と外界から守られている感覚が得られる空間にすることが大切です［→**4**］。

1 病院の総合待合や外来などは一般的にベンチを設置する場合が多い。緊急時などにはベッド代わりになる利点はあるが、隣の席との間隔が狭いので感染のリスクもある。感染防止と患者の尊厳に配慮してスペースに余裕がある場合はパーソナルチェアを置く病院も増えている。ベンチよりも軽く自由にレイアウトできるので精神的な圧迫も軽減できる。

1. Healthcare Interior Design

1 愛知県精神医療センター（旧愛知県立城山病院、設計：久米設計、愛知県、撮影：ロココプロデュース、以下3まで）ウォームベージュの質感のある塗り壁仕上げはやさしいカラースキーム。外壁とのデザインの連続性がガラスの存在感を消す。椅子は患者の心理に配慮しパーソナルチェアを設置。

2 通所と外来をセパレートする位置にあるカフェコーナー。大胆な天井の天然木ルーバーとグレイッシュなタイルの柱、軽快な家具とのコーディネート。街中のカフェのような日常性を感じる息抜きの空間。

3 診察室はグレイッシュベージュ同士の穏やかな明度コントラストで配色。一般病院では無彩色にすることが多いが、温かみを加えブラウン系にしている。接地性、抜け感のある診察室は患者にもスタッフにもやさしい。

4 外来待合にある小さなライトコート。自然光を取り入れ、視線を遮るパーティションとしての役割も備える。センシティブな患者にとって人との距離の確保は重要なポイント。

1. 病院のインテリアデザイン

17

透析・化学療法には居住性が必要

- 緑と光を取り込む開口部でアットホームな趣
- 木の素材感とバランスのよい配色
- 居心地をよくする間接照明とスタンド照明

化学療法と透析室は、どちらも長時間拘束される場です。病棟に準じた居住性が必要です。今までに視察した中で一番気持ちよく過ごせそうだと感じた透析室はバリ島にあるBIMC病院です。ツーリスト用の透析部門を備えており、大きな開口部から緑と自然光を取り込んだ明るい空間は戸建てのリビングのようにアットホームな趣です。この心地よさをつくりだしているファクターを空間に取り込んでいくことが、目指すべきひとつの答えとなりそうです [→1,2]。

ペンシルバニアのハーシー医療センターの化学療法室の中庭に面したブースは色と素材、またプライバシーを尊重した高い居住性に注目できます。リクライニングチェア背面のメディカルコンソールは明るい木調をベースにし、アクセント壁と椅子がスカイブルーで統一されています。バランスのよい補色配色[1]です。木調の素材感はフェイクであっても居住性を感じます [→3]。

コネチカット州にあるイェール・ニューヘイブン病院スマイラーがんセンターでは [3] と同様に明るい木調が使われ、パーティションは低く開放的です。患者同士のコミュニケーションを図りたいという要望からのつくりだそうですが、感染対策やプライバシー確保にも対応した個室も用意されています。個人差や地域差への配慮が柔軟です [→4]。

小牧市民病院では閉塞感は与えずかつ周囲の人の動きが気にならない高さのブースで仕切っています。トランジットなどで長時間滞在することもある空港ラウンジを参考にしています。屋外の自然には面していませんが、シックな色の木調と座った位置から手の届く光に囲まれることで落ち着き感があります。間接照明とスタンド照明、どちらも居心地のよさをつくる重要な要因です [→5]。

1 補色：青と黄など混色すると無彩色になる色の関係。虹色をすべて加法混色（光の混色）すると白、減法混色（絵の具の混色）ではほぼ黒になる。自然界にはすべての色が存在して調和しているので、2色ならば補色に近い配色にすることで自然のバランスを保つことができる。

1. Healthcare Interior Design

1

2

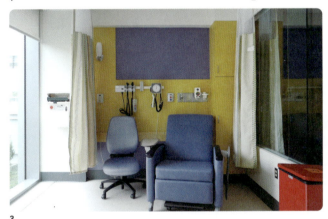
3

4

5

1,2 BIMC病院（バリ、インドネシア）
住宅のようなしつらいだが高級リゾート地の自然の恵みを窓外に感じながらリラックスして透析を受けることができる。

3 ペンシルバニア州立大学ハーシー医療センター（ハーシー、アメリカ）
化学療法室。明るい木調とヘッドパネルのさわやかなブルーの色相対比が程よい活気を感じる。中庭に面しプライバシーも確保。

4 イェール・ニューヘイブン病院スマイラーがんセンター（ニューヘイブン、アメリカ）
パーティションは透け感のある型ガラス。壁や家具などはグリーニッシュブルーでまとめられ、水辺のさわやかな印象で統一感がある。

5 小牧市民病院（設計：梓設計、愛知県、撮影：エスエス名古屋）
グレイッシュなダークブラウンの木調ブースと木調塩ビシート床。天井・壁は明るい同色相のクロスとし、明度でコントラストをつけている。自然を取り込まないプランのときには特に色彩と照明計画が重要。

1. 病院のインテリアデザイン

18

前向きなリハビリテーションへの姿勢を引き出す

- やる気を引き出すコントラスト配色
- 床は適度な弾力性をもった木調塩ビシート
- リハビリテーションを促す廊下の目盛

リハビリテーションは単科、総合病院にかかわらず病気や事故、加齢によって著しく身体機能が低下した患者を対象に日常生活の改善を目指し、歩行訓練、言語療法、作業療法など積極的な治療を行う場です。患者に寄り添い激励する空間づくりが大切です。

ロッテルダムのリハビリテーション病院ではヴィヴィッドなオレンジ色のカーペットが大胆に使われています。オレンジ色はオラニエ公由来[1]の歴史的にも意味のある色ですが、サッカーナショナルチームのユニフォームや、街中ではオーニングやドアなどさまざまなところで目にします。患者のやる気を引き出すには馴染みの色をメインにコントラストの強い配色が効果的です[→1]。

日本の風土には少し彩度を落とした色が馴染みます。明度や彩度のコントラストを使い目に痛くない配色で躍動感を出すとよいと思います。

一般に体育館など運動空間ではフローリングが標準ですがコスト、メンテナンス面で難があることもあり、耐久性、デザイン性も充実した木調塩ビシートが適しています。転倒時の衝撃吸収性がよく求められますが、器具の重みで床にへこみ跡がつくと危険です。大きめのサンプルで衝撃吸収性と復元力をスタッフと一緒に確認します。

病棟は長期入院に配慮し日常の継続を感じさせる住宅的な雰囲気でまとめますが、リハビリは訓練室だけでなく、起きたときからはじまります。廊下にはモチベーションと達成感を与える目標となる印を、床シートに象嵌であらかじめ埋め込むと、デザインの一部になり違和感はありません。1mピッチで10mの直線、診療科によっては3m単位もあります。大きな役割をもつ小さな目盛で気力を高め早期回復を促したいものです[→2,3]。

1 オラニエ公由来のオレンジ色：オランダ独立戦争を指揮したオラニエ＝ナッサウ家 Huis Oranje-Nassau の名に因んでオレンジ色の紋章を使っていた。オランダの国旗は元はオレンジ・白・青であったがオレンジ色が褪色しやすいため現在は赤になっている。しかし国王の祝日には街がオレンジ色のものであふれる。ナショナルカラーとして国民に一番親しまれている色である。

1. Healthcare Interior Design

1

3

2

1 ロッテルダムリハビリテーション病院（ロッテルダム、オランダ）
オラニエ公がオレンジの旗を使った歴史からオレンジ色が国を代表する色になっている。床材は毛足の短いカーペット。日本では清掃面で懸念されカーペットは一般的ではない。ヴィヴィッドな配色を好む国民性からインテリアも高彩度の色相対比が使われている。

2 聖マリアンナ医科大学病院（設計：梓設計、神奈川県、撮影：太田拓実）
外来リハビリテーション室。床ベースは木調塩ビシートにトラックのように囲んだ1mピッチの目印。壁は黄と青の色相対比。ブルーは低明度として安定感を出す。

3 病棟リハビリテーション室。壁クロスは茜色と焦げ茶。類似色相で明度・彩度のコントラストをつけた配色。急性期病院であっても病棟では穏やかなコントラストがふさわしい。2の外来と同じ塩ビシート、1mピッチ。

1. 病院のインテリアデザイン

19

ICU症候群のせん妄を改善する

- 自然光のうつろいを感じて生体リズムを整える
- 昼と夜のメリハリある生活を支える環境をつくる
- 家族とスタッフも明るくする色と床パターン

ICU（集中治療室）は24時間体制の治療空間なのでスタッフにとっても過酷な現場ですが、ICU内では患者の幻視、幻聴などせん妄の症状がしばしば報告されています。予後に大きな影響を与えるせん妄を環境によって減少させていくことは重要な課題です。窓があってもブラインドは閉じられているICUが多く[1]、昼夜問わず高照度で色温度の高い照明や、機器音が鳴り響いています。外と遮断された環境では、体内時計は乱れてしまいます。生体リズムは一日の太陽光のうつろいによって調整され、これを整えることがせん妄防止の糸口と考えられます。サーカディアン照明[2]は太陽光をある程度代用でき、選択肢のひとつです。

中部国際医療センターは全室ガラス張りの個室、中央にスタッフヤード、外側に通路を配置したプランです。ベッドを90度回転すると廊下越しに窓から空が見え、雲の動きによる光のゆらぎや角度の変化も感じられます[→1, 2, 3, 4]。面会通路は稼働後ICU患者のリハビリにも使われています。リハビリによる昼間の活動は、夜間の就寝時、良質な睡眠につながり、せん妄が減少します。

重篤な患者を包むICUは清潔第一です。ベッドまわりの床は瞬時清掃を促す高明度の床が適切ですが、白くて明るいだけではスタッフの長時間勤務にも向きません。聖マリアンナ医科大学病院のICUはHCU（高度治療室）を含めると66床がワンフロアで運用しやすいプランですが、壮大な眺めが単調にならないように各エリアの動線とステーションそれぞれにさわやかなアクセントカラーを加えています。床パターンのリズムはスタッフや付き添う家族にとっても明るい気持ちになれるよう配慮されています[→5]。

1 ICUでのベッド配置は患者の顔色が見やすいように考えられている場合が多い。窓からの自然採光や眺めよりも一定照度が得られる人工照明を重視しブラインドは閉められている場合が多いと推測する。

2 サーカディアン照明：光の量や色温度を調節し自然に近い光環境を模した照明。

1. Healthcare Interior Design

2

4

3

1

5

1 中部国際医療センター（設計：久米設計、岐阜県、撮影：ロココプロデュース、以下4まで）
平面図。中央にスタッフゾーンが位置するICU。

2 面会通路。家族は面会通路のガラス越しに様子をうかがい、扉から入り面会する。曙色の壁は患者と家族を明るく迎え、患者にとってはメリハリのある色が昼間の活動へと気持ちの切り替えをする役割を果たす。

3 病室の床は、高明度で清潔感のあるウォームベージュ。ICU病室内は溶接を最小限に抑えデザイン貼りはしない。

4 スタッフゾーンは、患者と面会家族の動線と完全に分離される。見守りやすく動きやすい。

5 聖マリアンナ医科大学病院（設計：梓設計、神奈川県、撮影：吉田写真事務所）
単調になりがちな長い動線をコントラストの強いパターンでリズミカルに。患者からも見えるスタッフ・ステーションの背後に間接照明を設置。

1. 病院のインテリアデザイン

20

新生児が安心できる居場所 NICU／GCU

- 胎内の環境をできるだけ維持し空間で再現
- 家族とスタッフの気持ちを和らげる曲線デザイン
- サーカディアン照明の色選びは慎重に

NICUは早産や低体重など治療や観察が必要な新生児のためのICUです。お腹の中では胎児は温かい羊水の中から外を感じており、その感覚を継続させる環境を整えることで、生後も安心して過ごせると考えます。血管が張り巡らされた胎内を通して感じる光[1]は淡いオレンジ色。NICUの内装も温かい光の色で包んであげるのがよいでしょう。NICUから外の世界に移行する準備をするGCUも同様の環境が望まれます。

聖マリアンナ医科大学病院のNICUはコットが置かれる各スペースがパーティションで区切られ、落ち着いて授乳できるように配慮されています。壁はアール形状とピーチピンクのクロスで新生児をやさしく包み、床は高明度のベージュをベースに壁と同色相のピーチ色で子宮をイメージした卵形パターンをデザイン、さらに間接照明によって色も光も温かな印象を与えています。患者である新生児を優先に考えたしつらいですが、母親と一緒に退院できると思っていた面会に来る家族の気持ちに配慮したデザインでもあります。スタッフにとっても和やかで明るい就労環境になっています［→**1**］。

NICU／GCUでは胎内の環境を維持し、退院後の環境にスムーズに適応できるよう、自然光の色変化を再現するサーカディアン照明の採用が近年増えています。色温度は、通常2700〜3500〜5700K（ケルビン[2]）までグラデーションで設定でき、照度も変わります。自由に調光調色できますが、電球色、温白色、昼光色の、3種類どの光環境でも美しく見える演色性[3]の影響が少ない内装材を選定します。直接照明が当たる壁や天井は白色が適切です。新生児が初めて体験する光環境となる内装材と光との調整は十分な検討が求められます［→**2**］。

1 参考文献：太田英伸著『おなかの赤ちゃんは光を感じるか』岩波書店、2014年

2 ケルビン（K）：光の色温度の単位。JISでは2600K〜3250Kを電球色、5700K〜7100Kを昼光色とし、その間を温白色、白色、昼白色と高くなるにつれて徐々に青白い光になるように定義されている。

3 演色性：光源の種類によって同じものでも色の見え方が変わる性質。

1. Healthcare Interior Design

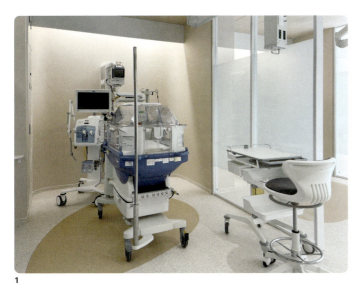

1 聖マリアンナ医科大学病院（設計：梓設計、神奈川県）
NICU。新生児が外界に適応できるまで過ごす環境を整える。子宮の形をイメージした卵形の床パターンは各ブースで方向を変えリズムを与えている。

2 GCU。中央の折上げ天井およびコット背面にはサーカディアンの間接照明を設置。光が当たる面を白色にし、色の変化が自然に反映される。ピーチピンクの床や壁は電球色・温白色・昼光色の光源の下で検討し選定。5700Kの光の下では若干暖かみは減少するが変化は少ない色（撮影：太田拓実）

1. 病院のインテリアデザイン

21

デイルームは病棟内唯一の寛ぎの場

- その日の気分によって選べる家具
- 夜のデイルームで眠りを誘う照明
- デイコーナーは家族にも必要な居場所

デイルームは入院中の患者や家族にとっては病棟内の寛ぎスペースです。家族や友人との歓談やスタッフとの相談の場として使われたり、一人で読書、スマホやPCを開いてメールや仕事をしたりする空間でもあります。自販機や電子レンジ、流しなど最小限の設備ですがデイルームまで行ってみようという動く気力を与える目標としても役立っています。

家具は、以前は長方形のダイニングテーブルのスタイルが一般的でした。療養型やリハビリ病院、地域包括ケア病棟[1]などを除き、現在は部屋食が基本なので、コンセント付きのカウンターや読書できるアームチェアなど、目的に合わせたスタイルのなかからその日の気分に合わせて選べると満足感が増します［→**1**］。団らんにはソファも欲しいところですが、レイアウトを変えやすい重量とデザインを優先したほうがよいでしょう。

照明は夜の居心地をよくするためには就寝前の眠りを誘う電球色を、間接照明とスタンドなどの低い位置に設けたいところです。床は清掃性と居住性に配慮して長尺のシートか塩ビタイル。天井に木調シートを使うのもひとつの方法です。

病棟各階に1カ所ないし2カ所の遠いデイルームまで行くほど、時間と体力が患者にない場合にデイコーナーが役立ちます。面会に来た家族にとっては、治療やオムツ交換の待ち時間や息抜きの場となる大切にしたい場所です。病室間にゆとりがない場合でも廊下の突き当たりに簡単な椅子とテーブルを置けば魅力的なコーナーになります。突き当たりが窓の場合は、景色を眺め一人になれますし、突き当たりが壁であれば色やアートでアクセントウォールをつくることで楽しい空間となるので、患者を病室から引き出すモチベーションになります［→**2,3,4**］。

1 地域包括ケア病棟：急性期の治療を終えた患者が安心して在宅復帰（介護施設への復帰も含む）できるように日常生活動作の向上をサポートする病棟。

1. Healthcare Interior Design

1 聖マリアンナ医科大学病院（設計：梓設計、神奈川県、撮影：太田拓実）
その日の気分、用途に応じた家具を選べるデイルーム。落ち着きのあるウォームカラーの床と間接照明に照らされた木目調の天井がつくりだす温かさは、夜間は外観からも感じられる。

2 中部国際医療センター（設計：久米設計、岐阜県、撮影：ロココプロデュース）
病棟廊下突き当たりのデイコーナーは抜け感のある絶景スポット。患者や家族にとって病室から一番近い心地のよい居場所。椅子とともにテーブルがあると一段と居住性は高くなる。

3, 4 愛知県精神医療センター（設計：久米設計、愛知県、撮影：©ARTCOCO）
思春期病棟の東西廊下突き当たりにあるデイコーナーのアート（制作：鈴木マサル）。病棟中央のデイルームからの方向認識を促し、閉じこもりがちな患者を廊下に引き出す。

1. 病院のインテリアデザイン

22

スタッフに見守られている安心感

- 寄り付きやすくスタッフの顔が見えるカウンター
- 感染対策にはガラス張りのステーション
- 色分けするなら縦割り

スタッフ・ステーションの形はさまざまです。細長いタイプや出島のように突き出している形、サブステーションやナーサーバー[1]もあります。そして近年ベッドサイドで行うセル看護提供方式®[2]も注目されています。ますます進む高齢社会では患者に近い看護が必要になってきます。どのようなスタイルであっても患者や家族にとってはスタッフの存在を常に感じられる寄り付きやすいカウンターが好ましいと思います。PCやモニターを隠すための壁は最小限にとどめ、できる限りオープンなカウンターでスタッフの顔が見える安心感を得たいものです[→1, 2]。

見守られている安心感はオープンであってもガラス越しでも変わりません。最近は感染症対策としてガラスで仕切るステーションも見直されてきています。ガラスは、緩い隔てとして便利ですし、ステーション内の什器をレイアウトする自由度も増え使い勝手もいいように見受けられます[→3]。

スタッフ・ステーションの色分けは必須ではありません。各病棟入口にセキュリティがかかっているので病棟を間違えることはないでしょう。以前は階数ごとに色を変える手法も目にしましたが、色相の差が狭まり識別できなくなります。病棟をまたいで動くスタッフのためには東西南北の位置がわかりやすいように、文字情報だけではなく縦割りの色分けをするのはいい方法です。病棟の中心的な存在として色が目印になるのは安心感を表すひとつの演出でもあると思います[→4]。

看護体制の変化によってステーションの機能はこれからも変わっていくと思われます。各病院のスタッフの仕事しやすさを検証し、実際に思惑通り機能する形を求めていくのがいいのでしょう。

1 ナーサーバー：スタッフ・ステーションのサブカウンターとして患者に近い看護を提供するために設置される。

2 セル看護提供方式®：看護師が病室に張り付いているスタイル。ステーションと病室の往復を省き、受け持ち患者にきめ細かく寄り添える。患者の転倒事故の減少、看護師の就労環境の改善につながる。

1. Healthcare Interior Design

1 フォルヒハイム病院（フォルヒハイム、ドイツ）
コンパクトなステーション。見守りの機能はもたないが寄り付きやすいオープンな構え。黄色のカラー、内照照明のカウンター腰壁が明るい印象。グレイッシュベージュの木調部分の壁を高くしてPCや書類を置いている。

2 クー テク ポー病院（イーシュン、シンガポール）
多床室前のナーサーバー。患者に近い看護体制がうかがえる。加速する高齢社会に対応した形。

3 イタリア病院（ルガーノ、スイス）
ガラス張りのステーションは感染対策にも有効。明るい印象で閉ざされた印象は与えない。ガラスフィルムが程よい目隠しになっている。

4 中部国際医療センター（設計：久米設計、岐阜県、撮影：ロココプロデュース）
病棟の東西のスタッフ・ステーション。軽やかな黄色と青の2色で位置認識をもたせている。温かみのある青なので病棟間の温度差は感じられない。カウンターはH1000mmで寄り付きやすいつくり。

1. 病院のインテリアデザイン

23

自分と向き合えるセカンドハウス

- 住宅的なイメージの安全で守られた逃げ場
- 自殺防止のしつらいは必要不可欠
- 視線を避け自分と向き合える居場所

今や精神科病院は昔のように長く入院するところではありません。治療をして家に帰し、早い社会復帰を目指す。この方向性はこの先もっとスピーディーになるでしょう。そのために病棟は患者にとって安心できるセカンドハウスでなければなりません [→1,2]。

保護室はパニックとなり攻撃的になっている患者を休ませる部屋です。重い扉と格子のあるハードなつくりですが、患者を守るための安全な居場所と考えると格子の存在も見え方が変わってきます。保護室は仕上げが特別です。自傷行為のひとつである頭突きでけがをしないように、衝撃吸収性の高いアンダーレイシート[1]と長尺シートを2枚重ね、床から壁2000mm以上張り上げます。叩いても音が発生しにくいのも特徴です。表面は織り柄や木調柄など素材感のある住宅的なイメージがふさわしいでしょう [→3]。

そして医療観察病棟、閉鎖病棟、開放病棟、思春期病棟、どのステージにおいても自殺防止に配慮した納まりが大切です。見通しのいい空間で死角をつくらないことや、取手や手すり、造作家具にも紐を通せないつくりにしますが、デザインはあくまでも美しいことが基本です [→4,5]。

死角をつくらないこととは相反しますが、患者にとって他者の視線から隠れ、自分と向き合える居場所の存在は大切です。愛知県精神医療センターの病棟には見通しのいい廊下にニッチとなった居場所があります。廊下から一歩頭が入るだけで囲われ感があり、廊下を行く人の視線が気になりません。二人並べる幅があるので、患者とスタッフのコミュニケーションに利用されることもありますが、患者の立場になって安全な逃げ場所をつくりたいものです [→6]。

1 アンダーレイシート：衝撃吸収性、音の発生を減少させる下地。保育室などでも使用される。クッション性を高めた一体型も開発されているが厚みがあり巻上げ工法には適さない。

1. Healthcare Interior Design

1

2

3   **6**

4   **5**

1 愛知県精神医療センター（設計：久米設計、愛知県、撮影：ロココプロデュース、以下3まで）
病棟は、超高密度の短いカットパイルタイルカーペット仕上げ。水洗い可能で耐久性と吸音効果がある。色も素材も住宅的なしつらいで、H300mmのオリジナル木製巾木は機能とデザイン性を兼ねる。突き当たりのデイコーナーの家具とパネルアートは、患者を廊下に引き出すアクセント。

2 病室。ベーシックな内装の中で、モンドリアン風のデザインと色の収納家具が楽しいリズムを与えている。

3 保護室。自傷行為に配慮し、壁と床の塩ビシートの下に衝撃吸収性と防音性のあるアンダーレイシートを施工。観察廊下との仕切りは安全に配慮されスタッフとの会話もしやすい。窓側のカーテンは適度に外を感じ守られた安心感も備える。

4,5 引戸用ハンドルと手すり。ひもを通すことができないデザインは設計者とメーカーの共同開発。精神科病院特有のイメージはなく、素材を活かしたフォルムも美しい。

6 病棟廊下のベンチ。治療上も現場スタッフから評価の高い居場所。表面は強度があり温かい触感のリノリウム貼り。

1. 病院のインテリアデザイン

24

患者の満足度を高める4床室の工夫

- 自己治癒力を高める平面プラン
- 色は素材と自然の色が手本
- 患者の満足度を高める重要なポイントは収納

日本でも病室の個室率はだいぶ高くなりましたが、まだまだ4床は一般的です。音や匂い、窓側・廊下側の環境の差など検討課題はありますが、高齢者や子どもにとってはプライバシー確保よりも孤独感なく過ごせるメリットがあるようです。

グラスゴーのホメオパシック病院の4床室はセラピーガーデンに出られるデッキが各室に付き、大開口によって寝ながらでも自然を感じられます [→**1**]。療養環境が患者に与える影響についてはウルリッヒ[1]が窓から見える眺めによって術後の患者に投与する鎮痛剤の量に差が出ることを実証していますが、まさにここは自然のパワーが全身を包み自己治癒力をアップさせています。窓側・廊下側の環境の差は、平面プランに凹凸や多角形を取り入れ個室的にするなどもひとつの打開策です [→**2,3**]。すべてのベッドに自然光が得られるメリットは大きいものです。

病室の内装は、身体を休め治療する場にふさわしい落ち着いた色空間を整えます。住宅に多く使われる素材の色をベースに、アクセントは常に自然の色がお手本です。空や土地の植生に合った草木の色、アースカラーなど、いずれも低彩度にします。

メディカルコンソール[2]は縦型か横型か、ベッドガードの仕上げ材やデザインも検討課題です。ベッドヘッド側の壁を化粧ケイカル板ですべて覆うことができれば耐久性もあり美観も維持できます。そして、病室のインテリアで重要なのは収納です。パジャマやタオルはレンタルもありますが、入退院時の衣類など2、3枚吊るせるハンガーパイプ、下着、靴、キャリーケース、洗面用具などのほか、嵩張るのがオムツです。床頭台に頼らず造作家具で十分な収納力を用意するのが患者へのやさしい配慮でしょう [→**4**]。

1 ウルリッヒ：Roger S. Ulrich. SCIENCE.27, Apr.1984, VOL.224

2 メディカルコンソール：医療ガス、ナースコール、コンセントなどの設備を収めるパネル。配置の仕方によって縦型コンソール、横型コンソールと呼ぶ。

1. Healthcare Interior Design

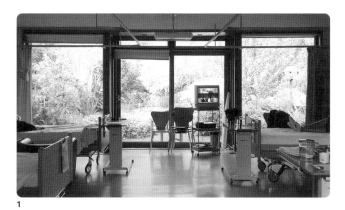

1

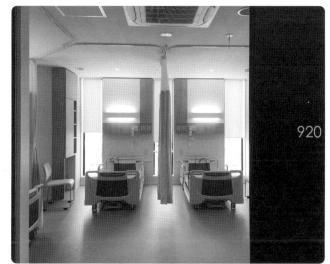

2

3

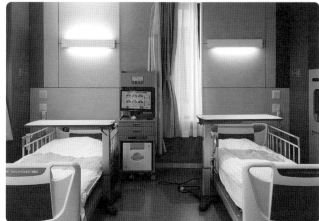

4

1 ホメオパシック病院（グラスゴー、イギリス）
セラピーガーデンに直接出られるデッキが各室に付き、大きな窓によって寝ながらでも自然を感じられ自己治癒力を高めている。

2 小牧市民病院（設計：梓設計、愛知県）
多角形平面プランから得られるベッドごとの窓。ふかし壁にL形デザインのコンソールが病室の個性をつくりだす。キャリーバッグを下に入れる造作家具は収納量も充実。内側は忘れ物防止のためのダークグレー。

3 平面図

4 奈良県総合医療センター（設計：梓設計、奈良県）
柱型に医療ガス、ベッド背面のパネルにナースコールとコンセントを設置。ベッドヘッドは天井まで木目調不燃化粧板と耐衝撃性に優れたビニルクロスをアクセントに使い、耐久性のあるガードになっている。凹凸のある病棟プランですべてのベッドの横に窓がある。

1. 病院のインテリアデザイン

25

医療ツーリズムを視野に入れた特床室

- パートナーと来日する利用者のためのツイン
- キッチンは個々には必要ない
- 日本独自の伝統的スタイルも取り入れたい

日本の医療施設は世界のトップレベルになりましたが、韓国のVVIP病棟[1]のこだわりはコンドミニアムや高級ホテルのような様相です。専用エレベーターで上階に上がると屈強そうなSPが出迎え、ゴージャス感のある調度品が各病室の玄関に置かれています。アメニティの充実したパウダールームや家族のためのツインルーム、応接室なども調っています。病室のメディカルコンソールは絵画が施されたスライドドアで隠され、手元のタブレットで照明やカーテンが調整できます。食事のオーダーやサービスも充実しています [→**1, 2, 5**]。

インテリアは日本でもこれに準じた特床室はありますが、まだ足りないこともあるようです。医療ツーリズムを視野に入れているのであればVIPフロアにはツインルームが必要です。海外からはカップルでの来院が多く、一緒に過ごせることを希望されるようです。

プライベートなテラスがあると一段と快適度が増します。シンガポールのノヴェナ病院は内装にもかなりこだわりがありますが、小さなテラスに植栽と椅子があり、高層階から外の風景を眺めるだけでもゆとりが感じられます。他方、省略できるものもあります。多くの特床室にはキッチンが用意されています。都心では食事はデリなどで手軽に調達できるので、病室内のカウンターにコーヒーメーカーや電子レンジ、小さなシンク、またはデイルームに簡単なキッチンが併設されていれば事足ります [→**3, 4**]。

医療ツーリズムを考えるとき、日本の特床室が目指す方向性はどこなのでしょうか。観光業においては、高級ホテルも色々なアプローチをしています。医療の場においても、高級感だけではなく、畳や障子など日本独自のスタイルも提案したいものです。

1 VVIP病棟：Very Very Important Person（超重要人物）のための病棟。日本の特床室。

1. Healthcare Interior Design

1

2

1 セブランス病院（ソウル、韓国）
医療ツーリズムを意識した2ベッドルームの特別室。病室とは分離されたゆとりのあるリビング。

2 メディカルコンソールはミロ風の絵が描かれたスライドパネルで隠されている。

3 クー テク ポー病院（イーシュン、シンガポール）
可動式ファブリックパネルで隠されたメディカルコンソール。

4 壁で仕切られベッドからは直接見えないリビングコーナー。明るい木調でさわやかなインテリアで統一されている。

5 手元でテレビ、カーテン、照明などを操作できるアーム付きタブレット。

3

4

5

26

個室はコンパクトな仮の宿

- ビジネスホテルのシンプルな機能性が手本
- 備品もトータルでコーディネート
- 床頭台の機能も造作家具の中に収納

急性期病院における個室のインテリアの方向性は、必要最小限の設備がある
コンパクトなビジネスホテルです。ベッドの見守りのため水回りを窓側配置
とすることもありますが、どちらにしても一人になれるスペースの確保と落
ち着き感が大切です。

中部国際医療センターでは個室入口前にアルコーブを設け、室内の床は廊下
よりも明度を下げることで自分の領域であることの特別感と、静寂も得られ
ます。個室前の廊下にはナーサーバーがあり、患者の気配を感じ、より近い
見守りも期待できます [→1, 2, 3]。

備品は遮光カーテン、付き添いにも使えるコンパクトなソファベッド、テー
ブルやアートなどがあり、色や木調などトータルでコーディネートするとス
マートな印象が増します。リースの床頭台は、材料やデザインが限定され調
和が望めない場合が多々あります。床頭台の機能は、造作家具で設置するほ
うがすっきりします。足利赤十字病院は全室個室で、造作家具にテレビや冷
蔵庫、セーフティボックスなど床頭台の機能が収納され、床頭台で視界が遮
られたり、地震時に転倒したりする心配がありません。最近はテレビよりタ
ブレットを利用する人が増え、タブレット装着用のアームがあればテレビの
左右の位置問題[1]もなくなります [→4]。

アメリカの病院は、原則全室個室、在院日数が短いことが特徴です。日本の
ICU並みに看護度が高くナーサーバーが2戸1のところが多く見られます
[→5]。日本は海外に比べ平均在院日数が長い傾向があり[2]、医療現場への負
担の解消が課題となっています。平均在院日数が今よりも減少するとその間
の看護度は増し、プライバシー重視の個室の考え方も変わるかもしれません。
病室のあり方は時代とともに変化しています。

1 テレビを床頭台ではなく
造作家具の中に収納する
と身体の向きが限定され
るので患者の症状によっ
ては適切ではないという
意見もある。若い世代で
はテレビ離れの傾向も見
られるので時代の変化と
ともにニーズも変わるで
あろう。

2 OECD加盟国の急性期
医療の平均在院（入院）
日数は、ドイツ8.9日、
フランス8.8日、イギリ
ス6.9日、アメリカ6.1
日。日本は16.0日と突
出して長く、韓国（18.0
日）に次いで2位。
厚生労働省「医療提供体
制の国際比較」（令和4
年3月4日）掲載
OECD Health Care
ResourcesのHospitals
およびLand UseのTotal
areaより

1. Healthcare Interior Design

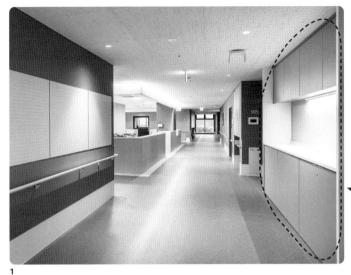
1

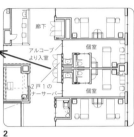
2

3

4

5

1 中部国際医療センター（設計：久米設計、岐阜県、撮影：ロココプロデュース、以下3まで）
個室は廊下から一歩踏み込んだアルコーブから入室する。ナーサーバーから直接中の様子は見えないが様子はうかがえる。ここで記録などが行われる。

2 平面図

3 床と壁の内装は廊下よりさらに明度を落として、窓面はダークなクロスを使い眺望のよさを引き立たせる。手前は医ガスを組み込んだ収納力のある造作家具。

4 足利赤十字病院（設計：日建設計、栃木県）
ベッドヘッド側にはメディカルコンソール。廊下側壁の造作家具には、個室に必要な収納や設備が収められている。

5 テキサス小児病院（ヒューストン、アメリカ）
個室間に設けられた記録と見守り用のカウンター。

1. 病院のインテリアデザイン

27

患者も家族も和やかな時間を過ごせる緩和ケア病棟

- 庭を含めた療養空間
- ダイニングテーブルを用いて住宅的な風景を
- 色の力で夜間も和やかな気持ちに

緩和ケア病棟は終末期だけではなく痛みを緩和するための病棟です。積極的な治療を行わないので、緊急性の高い病棟に比べると静かなのも特徴でしょう。夜間付き添う家族も過ごしやすいように廊下まわりも住宅的な雰囲気とします。

済生会飯塚嘉穂病院には豊かな自然環境を活かし病棟を1階に配した緩和ケア病棟があります。全病室がテラスに面しており、採光・眺望・風を感じ、草木に触れることができます。病室とテラスはフラットでベッドのまま出られます。花の手入れに参加する患者も多く、園芸療法からも癒やしを得ています。五感を刺激し自己治癒力を高める豊かな療養空間は庭を含めて成立しています [→1,2]。

「第二の家」を目指す緩和ケアの室内はできる限り住宅に近いスケールや素材でつくるのが基本ですが、病棟の中心となるステーションの存在感が強くなりがちです。ここではカウンターの手前に住宅のダイニングを彷彿させるペンダント照明と家具があります [→3]。スタッフと家族がカウンター越しではなくアットホームな雰囲気でコミュニケーションがとれることが狙いですが、その風景そのものが温かく柔らかい印象を与えています。デイコーナーは、アクセントウォールとアートによって穏やかなリズムを与えています。鎮静効果のあるラベンダーの香りを共感覚[1]によって感じられるように花のパープルとグリーンのアクセントを用い、アートも調和するようにコーディネートされています [→4,5]。色の効果を有効に使い静かな病棟にも適度な活気が生まれています。窓からの眺望が豊かな立地であっても曇天時や夜間に和やかな気持ちになれる配慮は大切です。

1 共感覚：ひとつの刺激がほかの感覚を呼び起こすこと。音を聴いて色彩が浮かんだりする感覚。ここでは色彩と香りのつながりの効果を狙っている。

1. Healthcare Interior Design

1

2

3

4

5

1 済生会飯塚嘉穂病院（設計：梓設計、福岡県　撮影：スタジオクリエーションプラン）
病室からベッドごと出られるテラス。コロナ禍で面会が制限された時にもテラスから面会ができて喜ばれた。地上階に病棟があることの大きなメリット。

2 4床室。大きな開口部から自然の恵みを受け、自己治癒力を高める。ホメオパシック病院（P.63）を参考にしている。

3 スタッフステーション。ダイニングテーブルによるアットホームな雰囲気。ペンダント照明の下には庭で採れた草花が飾られ「レジデンス」というコンセプトをスタッフも共有している。

4,5 病棟廊下。タイルカーペット敷きの静かなデイコーナー。アクセントウォールは静寂の中にリズムを与え、夜間も家族を和やかな気持ちにする。

1. 病院のインテリアデザイン

28

日本にもサンクチュアリーが欲しい

- 心を整理するための空間
- スタイルはさまざまで宗教色はなくてよい
- 石、水、緑、光は世界共通の癒やしのアイテム

療養空間には精神面を支えるスペースも大切です。患者や家族が病気と立ち向かうためにはまずは自分と向き合い心を整理する場所が必要です。しかし、病院内は見通しのよい空間ばかりで人目が気になりますし、個室であっても検査など多忙で人の出入りも頻繁なのでゆっくり考える空間には適しません。欧米にはほとんどの病院にサンクチュアリー[1]がありますが、日本には定着していないのが現状です。国際化に対応して公共施設やデパートなどでも祈りの場が設置されるようになってきました。宗教には関係なく病院においても瞑想の場を考える時だと思います。

欧米のサンクチュアリーは多様な宗教に対応し、イスラム教のメッカの方向も記されており、キリスト教の教会のように十字架に向かって祈るスタイルのほか、グループセラピーなどさまざまな用途に使われる円形もあります [→**1**]。

VUメディカルセンターのエントランスホールに置かれた船の形のサンクチュアリーは夜間静かな空間の有効利用にもなります。昼間もアートのオブジェのようです。椅子が2脚ほど置けるだけの狭い空間ですが、帆布のオーニングからは柔らかい光が入り、大地とのつながりを感じる石・水のオブジェが置かれています [→**2,3,4**]。

石・水・緑・光という自然との接点を大事にするのは信仰に関係なく世界共通といえます。茶室、石庭や坪庭のある部屋などが日本にはふさわしいでしょう [→**5**]。使用頻度の少ない霊安室を祈りの場として普段も使うことや、緩やかな仕切りの立礼式茶室を設置するなど、前向きな姿勢を引き出すために不可欠なサンクチュアリーを広域な意味でとらえて考え直してみたいものです。

1 サンクチュアリー(sanc-tuary)：聖域、神聖な場所と安全な隠れ場所や安らぎの場の両方を意味する。

1. Healthcare Interior Design

1 ニュルンベルク北病院(ニュルンベルク、ドイツ)
十字架はなく多様な宗教に対応できる円形。グループセラピーなど多目的に使われている。

2 VUメディカルセンター(アムステルダム、オランダ)
エントランスホールに設置された船のようなサンクチュアリー。アートとしてもランドマークになる存在。夜間使わない外来スペースの有効活用。

3 帆布のオーニング

4 内部は小さな空間

5 日立港病院(設計:伊藤喜三郎建築研究所、茨城県)
外来と同フロアに設置された石庭を備えた祈りの部屋。時には霊安室となる。素材感と光沢のある壁クロスが波の音に包まれている感覚を与える。

1. 病院のインテリアデザイン

29

子どもの能動的な動きを引き出す小児病棟

- 病棟は親が不在の生活の場
- 包む色は静養できる自然界の色
- 行動特性に配慮しモチベーションを高める

小児の療養環境は外来・病棟とも子どもの目線[1]で考えます。床が近いので仕上げ材やデザインに注意を払うほか、アートの設置高さなどに配慮します。病棟は外来と異なり、親ではなく看護師、保育士、CLSがケアを主導します。長期入院時も親が不在の場で安心できる環境を考えます。

病棟は、病気を抱えている子どもが短期間集団生活をする寄宿舎のようなものと考えると、方向性が見えてきます。病室は居室、院内学級はスタディルーム、プレイルームはコモンルームと置き換えて考えると日常性が継続されます。仕上げは、フローリングかコルク、天然リノリウムなどの自然素材が、アレルギー症状緩和にも理想的です。メンテナンス性に配慮して木調塩ビシートなどを選ぶ事例も多いと思います。

壁などは静かに静養できる空色などの自然の色で、あまりつくりこまずに子どもの個性をプラスできる余裕を残します。子どもの持ち物、玩具や衣類などはカラフルなので内装はシンプルにするとバランスがとれます [→1,2]。症状が重くベッドで終日過ごす患者もいます。天井にプラネタリウムを投影するなど小さな驚きをプラスしたいものです。

子どもにとって病室を出て廊下を歩きプレイルームや院内学級に行くのは勇気のいる冒険です。自由に描ける黒板をあちらこちらに設置して自己表現できる場をたどりながら院内学級に自然に誘導するのも効果的です [→3,4]。プレイルームは小学生以下の子どもの行動特性を考えて、潜る、隠れる穴を壁につくるとモチベーションを高めることができます。小さなワクワクと安定感のある空間で安心できる環境をつくっていきたいものです [→5,6]。

1 子どもの目線：「子どもの目の高さで観る」と「子どもの気持ちになって考える」両方を意味する。

1. Healthcare Interior Design

1

2

3

4

5

6

1 ヘクシャ病院（ミュンヘン、ドイツ）デイルームの床は木製モザイクフローリング、壁は塗装。ベースカラーはナチュラルな木と白、アクセントは造作家具のイエローと赤のシンプルな仕上げ。

2 院内学級。子どもの作品が貼られ賑やかな印象。

3, 4 奈良県総合医療センター（設計：梓設計、奈良県、撮影：伸和）
入口から廊下、病室まで、院内学級から黒板（紺色）がつなぐ小児病棟。黒板には奈良に因んだ絵をアーティストに依頼し、子どもが描く動機づけをする。床は短毛パイルタイルカーペット。水洗い洗浄できる掃除機を使用。

5 聖マリアンナ医科大学病院（設計：梓設計、神奈川県、撮影：太田拓実、以下6まで）
ミニカーを走らせたり玩具を飾ったりできるへこみのあるカウンター。多摩川と丘をイメージした床デザイン。

6 プレイルーム。潜る・隠れることが好きな子どもの行動特性に配慮し壁に穴がある。

1. 病院のインテリアデザイン

30

スタッフの就労環境を整えることで離職者を減少

- スタッフ食堂でオンオフを切り替える
- 患者エリアとは違う色調や素材でリフレッシュ
- スタッフのニーズに即した家具を設置

医療従事者は心身の負担やストレスから精神障害を発症する件数が多いという報告があります[1]。命を預かる仕事なので緊張の連続でストレスが溜まるとは思いますが、人材確保のためにも就労環境を整えることが重要です。

実際は患者エリアは表、スタッフゾーンは裏と考えスペックを落とすのが通常です。資材の高騰などですべてに手厚くはできませんが、スタッフ廊下などは機能優先に考え、スタッフ食堂はリフレッシュするためのメリハリをつけたいところです。短時間の食事休憩でもオンオフの切り替えができると気分転換できるものです。

スタッフ専用のフロアはエレベーターを降りた瞬間からカラースキームの印象をガラリと変えるのが効果的です。たとえば患者エリアには使っていない色調の木調タイルや商業施設などに使用されるモルタル仕上げ風などの床材、壁クロスで変化をつけます。リフレッシュには自然光や外気の風に当たることが一番です [→**1,2**]。叶わない場合は大きなモニターやプロジェクター投影も気分転換には手軽な方法です。病院内の情報伝達のためばかりではなく、映画を流すのも空間の中に動きをつくりだし、空気感の滞留が防げます [→**5**]。

家具は状況に合わせ検討します。グループでの会話や一人で充電しながらPCやスマホを操作するなど、その時々足を投げ出せるベンチシート、カウンターとハイスツールの組み合わせは楽な姿勢が保てますし、患者エリアには転倒の危険を考えてハイスツールは使わないので差別化できます [→**3,4,6**]。ちょっとした配慮で一瞬でもスタッフの緊張を解くことができたら、オンタイムへの切り替えをスムーズにする手伝いができます。

1 厚生労働省発表の「過労死等の労災補償状況」（令和5年度）によると、「医療、福祉」の業種は、強いストレスで精神障害を発症し労災を請求した件数がもっとも多い。

1. Healthcare Interior Design

1

2

3

4

5

6

1 千葉西総合病院（設計：伊藤喜三郎建築研究所、千葉県、写真提供：千葉西総合病院）
アネックス館1階に設けられたスタッフ食堂。はっきりとした色使いとポップなアートで活動的なイメージを与え気分転換を図る。

2 日立港病院（設計：伊藤喜三郎建築研究所、茨城県）
クルーザーのカフェテリアをイメージ。隣接する屋上テラスで海風を浴びリフレッシュ。景色もキッチンもオンオフの切り替えに大切な役割。

3 足利赤十字病院（設計：日建設計、栃木県）
カジュアルな商業施設のような職員食堂。ボックス席にはペンダント照明が設置され特別感がある。リノリウムの掲示板がアートのようなアクセント。

4 エスポー病院（ヘルシンキ、フィンランド）
脚が休まるハイチェア、レモンイエローとグレーのメリハリある配色、天井のガラスアートのきらめきも加わり楽しげな雰囲気。

5 パールマン先端医療センター（フィラデルフィア、アメリカ）
スタッフ専用ラウンジ。大型モニターとラウンジチェアが設置されゆとりを感じる。隣り合わせた2つのスペースの家具はアクリルと布の素材違いの同じ配色。

6 キャンディのような楽しい配色と素材の家具が特徴のスタッフ食堂。

1. 病院のインテリアデザイン

31

外来との差別化を図る健診センター

- エントランスは素材や色彩で特別感を演出する
- ゆとりを感じさせるパーソナルなラウンジチェア
- 暗さでもてなし感を高める

未病の段階から生活習慣を正すことが重要であるという意識が高まっています。企業健診以外にも自費で健診を受ける人が増え、病院は未病の段階から足を踏み入れるところに変化し、健診専門のセンターも増えています。

一般の外来患者と動線が分離されていない場合はゾーニングを強調したインテリアで変化をつけます。サインや門構えに加え、わかりやすいのは素材や色の違いです。エントランスホールや外来エリアの床は石材やタイル、長尺シートが多く使われていますが、お客様として大切に扱われていることを足裏から感じるカーペットのダークな色調は高級感、特別感を演出できます。家具の張り地は素材感のある仕上げにすると違いが顕著に現れます。まさに直接肌で感じる違いです。

千葉西総合病院は健診センターの特別外来は別棟で一般外来とは分けられ、特別感のあるエントランスになっています [→1]。本棟と同様に空港のイメージで統一され、ファーストクラスをイメージしたVIPラウンジは、医療ツーリズムに配慮し和テイストのクロスとレザーの家具でほかの待合と差をつけています。待合室の家具はパーソナルなラウンジチェアで配置に余裕をもたせています [→2]。

ソウルの建国大学病院の健診センターも別棟です。壁面の面照明[1]が目を惹きますが、濃淡2種の木調を巧みに使い、診察室側の壁や扉は明るい淡色の木調でやさしく迎え、待合エリアはかなり照度を落としています。一方飾り棚をバックにしたカウンター前の待合スペースでは、さらに低照度で濃い木調の家具です。この明るさのメリハリによってエリアの役割がはっきりし、暗さが尊厳のあるもてなし感を高めています [→3,4]。

1 面照明：ファブリックやアクリルなどの背面で光を拡散させた照明。直接光が目に入らず温かい印象を与える。

1. Healthcare Interior Design

1 千葉西総合病院（設計：伊藤喜三郎建築研究所、千葉県、撮影：エスエス東京、以下2まで）
ヘリンボーン張りのウォルナットフローリング、ペンダントとスタンド照明がマンションのような構えのエントランス。

2 レザー張りの家具とカウンターで優雅な時間が過ごせそうなVIPのためのラウンジ。

3 建国大学病院（ソウル、大韓民国）
カウンターは明るい木調と面照明。ダークな木調の飾り棚をバックにしたコーナーはほとんど照明はない。メリハリのきいたスタイリッシュな構え。

4 診察室前。天井にも面照明。

1. 病院のインテリアデザイン

32

未病のためのワンストップ健康タウン

- 新鮮な印象で住民のライフスタイルを変える
- 目的の異なる複合施設の中で統一感を図る
- 諸室は使い手がプラスαできる余地を残す

「健康のまち一丁目一番地」、中部国際医療センターの住所です。未病のための予防医療から陽子線治療などの最先端医療まで、健康な生活を営むためのサービスが1カ所で受けられるメディカルタウンです。付属棟には病院が運営するメディカルフィットネス[1]のほかに市立の小児保健施設や女性の就労支援施設も市役所から移転しました。ブックカフェやコンビニ、高級食パン店も入りオープン当日から地域住民の人気スポットになっています。街のランドマークとなるモノトーンでシャープな外観と新鮮な仕掛けが人の流れを変え、健康な生活へと導きはじめています。

ホスピタルモールは病院棟、付属棟、陽子線棟、3棟の要です。医療ツーリズムを視野に入れインターナショナルなコンコースをイメージして仕上げましたが、このモールでは季節のイベントに加え、子どもたちが医療の仕事を体験できる催しも開催され幅広く活用されています。明度コントラストの効いたデザインがメリハリを与え、地域住民にも海外からの来訪者にもふさわしい活動的な空間になっています [→**1**]。

3棟はそれぞれの役割に応じたインテリアで個性を出し、全体としての統一感を大切にしています。本棟からの渡り廊下や共用廊下の動線は同じ床材を使い、用途が異なる諸室は床や壁で色などに共通要素を保たせながら統一感と変化を図ります。子ども向けの付属施設では過度なつくりこみはせず、スタッフが飾る余地を残すことも大切です。ニーズを把握したうえで、建築側としては楽しく飾りたくなるような空間の素地をつくります [→**2,3,4,5,6**]。未病のための健康タウンはすべての人が行きたくなる空間でなければなりません。多様化する要望に応え柔軟な姿勢が必要でしょう。

1 メディカルフィットネス：医療的要素を取り入れたフィットネス。高齢社会において生活習慣病の予防や改善に一人ひとり丁寧な指導が受けられる施設は注目されている。

1. Healthcare Interior Design

1

2,3,4

5

6

1 中部国際医療センター（設計：久米設計、岐阜県、撮影：ロコ コプロデュース、以下同）
3階のスタッフエリアともつながりが感じられる見通しのよいアトリウム。さまざまなイベントが開催される地域の中心的な存在。

2,3,4 商業施設では馴染みのある剥き出し天井は、治療空間では埃溜まりになり敬遠されるが、ジムではアクティブな雰囲気。プールとジェットバスは内陸である岐阜における海を演出。

5 みのかも健康プラザ（美濃加茂市健康診断センター）
プレイルームは川の石ころをイメージしたタイルカーペットのデザインが子どもにもスタッフにもワクワク感を表している。

6 リオラ（みのかも女性活躍支援センター）
面談コーナーと子どもを遊ばせるスペースを大きな窓で緩やかに仕切った遊び心のあるしつらい。

1. 病院のインテリアデザイン

33

病児と家族の第二のわが家「もみじの家」

- 家らしさを表現する
- スタッフステーションの撤廃
- また来たい場所にする「ワクワク感」

もみじの家はイギリスのヘレン・ダグラス・ハウス[1]の思想を継承した子どものためのホスピス（小児緩和ケア／医療型短期入所サービス）です。退院後も人工呼吸器をつけたままの在宅ケアは家族にとっては緊張の毎日です。医療的なサポートを受けられる安心感と家族が休息をとりたいときに自宅のようなくつろぎ感を提供する短期滞在型施設は日本ではまだ新しい取り組みですが、利用者にとって家族が一緒に生活できる第二のわが家のような存在になっています。

家らしさをコンセプトにしたもみじの家は国立成育医療研究センターにある敷地内の小さな2階建ての家です。ガラス張りの中庭を中心に、リビングやダイニング、3人居室や家族と一緒に泊まれる居室などが配置されています[→1,2]。2階には五感を刺激するセンサリールーム[2]や音楽室、プレイルームがあり、普段の生活では体験できない子ども同士の触れ合いや医療的なケアから解放された家族がゆとりをもって一緒に遊ぶことができます。

もみじの家には病院のようなスタッフステーションを設けませんでした。施設稼働後、ワゴンやモニターの置き場などに苦労している様子も見られますが、家庭的な温かさが感じられます。スタッフが新しいスタイルに取り組んだ成果の表れです[→3]。

スタッフと打合せを重ねていくうちに多くのことを学びました。子どもがまた来たいと思う施設にするためには家らしさだけではなく「ワクワク感」が必要なようです。床には大小の丸のモチーフを入れ、一人ひとりの「家」もつくりました。医療ガスの配管を隠すふかし壁を利用してクロスの貼り分けや黒板の窓をつくった造作ですが、スタッフの思いやりの心が形として表現されています[→4,5,6,7]。

1 ヘレン・ダグラス・ハウス：1982年設立。世界初の小児ホスピス。在オックスフォード。
https://www.helenanddouglas.org.uk

2 センサリールーム：普段の生活では得られない音や照明などで五感を適度に刺激し、だれもが心地よく過ごせる空間。

1. Healthcare Interior Design

1

2

3

4

5

6

7

1 国立成育医療研究センターもみじの家（設計：INA新建築研究所、東京都）
夜間でも中庭を中心にぐるりと囲む空間は明るい。

2 照明も床も扉の窓もモチーフは「まる」。すべてが見渡せるプランで安心感がある。

3 記録の作業などもオープンなスペースのテーブルで。

4, 5, 6 ベッド背後の壁を家形にデザイン。屋根の星形のランプがワンポイント。ベッドが当たる部分には保護バー。

7 居室。サークルベッドを設置すると壁側の「窓」が隠れてしまうこともあるが、楽しい雰囲気は保たれている。

1. 病院のインテリアデザイン

34

がんとともに歩む人の心をケアする マギーズセンター

- 勝手口から入るような小さな構えが温かい
- プライバシーと安心感を両立する曖昧な隔て
- 気取らない日常の雰囲気が心地よい

がんは早期に発見すれば治る病気になりました。今、がんとともに歩む人に一番必要とされているのは当事者と家族のこころのケアをする施設です。がん患者であったマギーさん[1]が自らの体験に基づき、病院の建屋外に治療以外の心のケア[2]をする施設を希望しました。その痛切な思いに建築評論家の夫、チャールズ・ジェンクスと担当看護師ローラ・リー[3]が応え、1996年にマギーズセンター[4]が実現します。この思いがイギリスから世界に広がり、2016年東京にもオープンしました。どこも気軽に立ち寄りやすい別荘のような趣です。

自己治癒力を高め、患者の前向きな姿勢を引き出すセンターには暖炉の設置などさまざまな基準がありますが [→1,2]、ウエスト・ロンドンのセンターを見学するとヒューマンスケールな居心地のよさが感じられます。

オレンジ色の箱に大屋根が浮いているような外観がまず目を引きますが、大きな構えのエントランスはありません。建物脇からのアプローチは勝手口に続き、広いキッチンカウンターが迎えます [→3,4]。訪れる当事者は1杯のお茶で気持ちがほぐれ、直面している問題を自ら話しはじめるようです。堅苦しい受付がないのも温かい配慮です。大空間は家具や中庭などの巧みな配置により仕切られ、すぐ側に相談できるスタッフがいる安心感と一人静かに過ごせる空間の両立は曖昧な隔てによって生まれています。木家具には本や小物が飾られ、さまざまなスタイルの椅子も気取らない日常の雰囲気をつくり、心地いい居場所となっています [→5,6,7]。

マギーさんの希望は当時の病院建築への不満からでもありましたが、日本のがん診療連携拠点病院にもその声は少しずつ届き反映されています。

1 マギー・ケズウィック・ジェンクス：作家、芸術家、ガーデンデザイナー

2 心のケア：個別のカウンセリングとグループ・プログラムなどのメンタルケア。

3 ローラ・リー：マギーズセンターCEOとしてイギリス内外27カ所のセンターを牽引している。

4 マギーズセンター（Maggie's Centre）：がん患者が心の支援、実務、社会的支援を無料で予約なしで受けられるセンター。時には病院に対する不安や不満も相談するので建屋の外であることが重要。https://www.maggies.org/

1. Healthcare Interior Design

マギーズセンターの建築条件 10 項目	
1. 自然光が入って明るい	6. セラピー用の部屋がある
2. 安全な中庭がある	7. 暖炉がある
3. 空間はオープンである	8. ゆったりとしたトイレがある
4. 執務室がすべてが見える	9. 建築面積は 280㎡程度
5. オープンキッチンがある	10. 建築デザインは自由

マギーズセンターウェスト・ロンドンにおける快適性をつくる要因 12 項目	
1. 自然光（天井までの大きな開口部）	7. 接地性（庭やテラスに続いている）
2. 温かい照明（電球色の光・間接照明）	8. グリーン（各部屋から植栽が見える）
3. ナチュラルなベースカラー（白い壁・コンクリートの壁・明るい木）	9. 自分の居場所（多数の椅子・さまざまなデザイン）
4. 暖色のアクセントカラー（家具）	10. 一人になれる空間がある
5. 木質（軽快な印象をつくる成型合板の家具）	11. 見通しがいい安心感（吹抜けの大空間の中でスタッフと患者がお互いの動きを感じている。手の届くところに相談相手がいる）
6. ファブリック（柔らかい触感の家具・ラグ・クッション）	12. 温かいお茶（中央に大きなダイニングテーブル）

1, 2

3

4

5

6   7

1 マギーズセンター建築条件 10 の項目
2 マギーズセンターウェスト・ロンドンにおける快適性をつくる要因 12 の項目。筆者が現地で感じ取った私見だが、心のケアに大切なポイント。
3 マギーズセンター（設計：リチャード・ロジャーズ、ロンドン、イギリス）赤い立方体の箱と浮いて見える屋根。
4 建物脇から入る勝手口のような誘導が構えず気軽に入れる雰囲気をつくる。
5, 6 大屋根の大空間の内部は壁はなくつながっている。一人になれるがどこに居ても人の気配は感じられる。暖炉のある部屋を中心にさまざまなスタイルの椅子が置かれたコーナーがある。成型合板の造作家具が軽快な住宅的イメージ。
7 情報を得るためのパソコンコーナー。スタッフの動きも感じられる。

1. 病院のインテリアデザイン

35

患者・スタッフに働きかけるホスピタルアート

- アートにはモチベーションを高める力がある
- インタラクティブなアートの時代へ
- アール・ブリュットの力強さを取り入れる

アートには、インテリアの一部として建築と調和する環境アート、やさしく語りかけるヒーリングアートのほか、患者の能動的な動きを引き出し、モチベーションを高めるアートがあります。エントランスではスムーズな誘導の助けになり、印象の強いアートはランドマークとなり位置認識を促します[→1, 2, 3]。

ジオラマやプロジェクションマッピングなどの動く仕掛けには大人も子どもも興味を示します。病気で動きが緩慢になった患者には特によい刺激になるのでしょう。病院スタッフからも今の子どもの遊びの変化にも合わせ、デジタルアートの要望が多く聞かれるようになりました。観客が作品と対話できるインタラクティブなデジタルアート[1]は特にワクワク感が持続します[→4]。しかし、明るい病院内では鮮明に映る高性能のプロジェクターが必要ですしオリジナルのコンテンツは高額です。データの更新やメンテナンスなど課題も多いので、まだ限られた病院でしか導入できていないのが現状です。時代の変化、要望に対応したアート設置のためにはゆとりある設計と予算、インテリアとの取り合いなど早い時期からの準備が必要でしょう。

アール・ブリュット[2]も2010年以降病院の中に新風を吹き込んでいるジャンルのひとつです。心の叫びがそのまま湧き出るアール・ブリュットは何の制約もない自由な表現です。作家が制作の喜びを得るだけではなく、患者やスタッフの心を動かし「明日への勇気をもらえる」という感想が聞こえてきます。不揃いだからこその味、力強さを感じます[→5, 6]。

1 インタラクティブなデジタルアート：触る・話しかけるなどの行為によって応対するデジタルアート。

2 アール・ブリュット：ジャン・デュビュッフェにより提唱。正規の美術教育を受けていない人が独自の表現方法で自由に制作した作品をいう。アメリカではアウトサイダーアートとして普及している。

1. Healthcare Interior Design

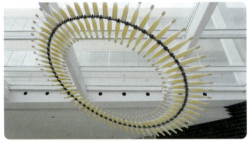

1,2,3

4

5,6

1,2,3 パールマン先端医療センター（フィラデルフィア、アメリカ）
大きなアートが大空間に点在するエントランスは現代美術館のように自由で楽しい表現。ランドマークとしての役目も果たす。

4 インタラクティブなアート作品「KAGE-table」（制作：近森基／plaplax）
テーブルの上のオブジェはタッチセンサーに接続されており、触れるとオブジェの影が形を変え、動きだす。子どもの心をつかみ放さない。

5 大隅鹿屋病院（設計：梓設計、鹿児島県）
インテリアはアートを引き立てるための脇役、ダークグレーの壁を用意

6 しょうぶ学園のアーティストによる作品。一心にスタンプを押し、気持ちのままに色を変える。不揃いだからこその味、力強さを感じる。アートコーディネーターの手によって布団貼りで額装。

1. 病院のインテリアデザイン

36

光と色は同時進行で計画する

- 明暗の差をつくり光で導く
- 病室は天井と壁を同色で包み白で光を反射
- 色と光のハーモニーで印象を変える

病院の照明は一様に明るいのがよいと考えられていた時代もありましたが、照明に対しての認識も変わり、照度の確保よりも場の目的に応じた器具の種類や色温度で演出されるようになりました。快適な光環境をつくるには光と色は同時進行で計画することが重要です。

明るいところに導かれるのは人間の行動特性なので、光の帯で自然な誘導を促すのは照度の確保も兼ね機能的に働きます。LEDテープライトが普及したためか世界的にトレンドになっています。誘導の光以外は適度な暗さを保ち、内装は明度を落としたほうが明るさのコントラストで光の導く力は強く、中明度以下の床であればグレア[1]を起こすこともありません [→**1**]。

患者にとって眩しくない光は鉄則です。天井は照度確保のために反射率の高い白が多いのですが、アルヴァ・アアルトが用いたのは壁と天井を同色のやさしい色で包み、照明光が強く当たる部分にのみ白を入れ、間接光で照度を確保する手法です。アアルトの死後リニューアルされたパイミオの病室でもその考え方は継承されています [→**2,3**]。

病院の色温度の設定も落ち着き感を重視した考え方に変化しています。手術室や診察室など以外は3500Kの温白色が主流で一部に電球色を使用している病院もあります。不安・緊張を軽減させたい待合や長時間滞在する病室などでは眩しくない温かい光（3500K以下）が適しています。しかし5000Kの白い光が治療上要望されることもあります。その場合は内装の色を暖色寄りにすることで冷たい印象を緩和するようにしています。

照明の新しい技術と受け継いできた技法を用い、光と色のハーモニーを熟慮した計画によって病院はもっと豊かな空間になるに違いありません。

1 グレア：強烈な光による眩しさが視覚の低下をもたらす現象

1. Healthcare Interior Design

1

2

3

4

1 鹿児島徳洲会病院（設計：梓設計、鹿児島県、撮影：アイオイ・プロフォート）
直管型照明器具で滑らかなカーブを描き、大胆にやさしく誘導。ライン周辺にほかの照明がないので際立ち、光の力強さが感じられる。

2 パイミオ・サナトリウム（トゥルク、フィンランド）
竣工当時の病室。天井はさわやかなブルーグリーン。ブラケット照明の照度をアップする半円形に白の塗装。

3 改修後。ブラケット照明の形状に合わせてデザインは変化したが、天井の一部を白くする手法は継承されている。

4 聖マリアンナ医科大学病院（設計：梓設計、神奈川県、撮影：太田拓実）
小児病室。温白色照明が取り付けられたベッドヘッドから天井に一部白クロスを張り上げたアアルトへのオマージュ。

1. 病院のインテリアデザイン

37

療養環境の色彩は必然の色がある

- カラーハンティングからスタート
- ユニバーサルな配色の基本は明度差
- 色相のバランスが大切

色は空間の印象を決める重要な要因です。病院の色彩計画は好みで進めてよいものではなく、色の必然性があります。また立地、規模、対象年齢、建築デザインなどによりインテリアの演出方法は変わります。

まずは土地の空気感を感じながらカラーハンティングからはじめます。風、花や草の香り、人の動き、名産の味わいなどは、検索では得られず、実際に五感を通してのみ得られます。建造物、織物、陶器や特産物の色、土、海、空、自然の中にヒントは溢れています。注意深く観察し、ベースカラーとアクセントカラーの配色を肌でつかみ、その配色を中心に各エリアにふさわしい色と材料を展開します [→1,2]。

病院は多様な人が利用します。色の見え方は人により一様ではありません。安全への配慮を一番優先し、段差など注意喚起したい部分は明度差を出すことがユニバーサルな配色の基本です。高齢者が見分けにくい黄色と白、濃紺や濃紫と黒の配色は避け、色覚障害のある人の視覚特性にも配慮しインテリアもサインも色彩計画を進めましょう。

そして色相の偏りは時に体調に悪影響を及ぼすことさえあります。人は、日常では無意識のうちにバランスを調整していますが、患者は自由に居場所を選べず、時にはベッドの上がすべてという状況もありえます。色のバランスは忘れずに注意したいことです[1]。

最後に、病院のインテリアにおいてもっとも大切なこととして、ナイチンゲールの「病人に害を与えない」[2]という言葉を引用したいと思います。

さまざまな安心を得るためのアプローチをここまで紹介してきましたが、実はすべてがこの精神に通じることなのです。

1 自然界に近い環境を整えるために、青色に黄色を配色するなど、色相のバランスをとることが大切である。

2 フローレンス・ナイチンゲールは『看護覚え書き』(フローレンス・ナイティンゲール著、小玉香津子・尾田葉子訳、日本看護協会出版会、2019)の中で「病人に害を与えない」ことが病院の必要条件であると言及している。

1. Healthcare Interior Design

インテリア・色彩計画のプロセス

土地を知る・暮らしを知る
① 風を感じて周辺を歩く。
食文化も体験。
(五感を通して得られる情報は貴重)
② カラーハンティング。
地理、街の色、土の色、伝統工芸、
植生など
③ 歴史や展望などを知る。
年齢別人口、人口推移など
④ 図書館、博物館などで資料集め。
小説、昔話、写真集、旅行ガイド、
インターネット検索

病院の特徴を知る
① その土地における病院の役割を知る。
病院理念・診療圏・対象・規模
② 図面・パース・BIMなどから空間を
読み、イメージする
③ 建築デザイン、受付や縦動線の位置
呼び出しシステムの種類などにより
人の動きは異なる

コラボレートするには
言葉が重要

↓
キーワード抽出
↓
コンセプト策定
↓

配慮するポイント
・子どもの身体特性
　行動特性
・高齢者の視覚特性
　身体特性
・色覚障害への配慮
・ゾーンに適したCMF
　(色・素材・仕上げ)

色彩構成
↓
空間をイメージ
↓
ゾーニング

・色彩調和・バランス
・心理的効果
　生理的効果
・安全性・耐久性
・デザイン・機能

1

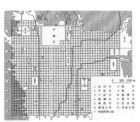
平城京。大通りには門があり都市へ入る

朱雀門(復元)

↓ 門をくぐるイメージ

1階エントランスのゲート「朱雀門」

中央ホールから外来待合へのゲート

入院棟へのゲート

2

1 インテリア・色彩計画のプロセス(筆者作成)

2 奈良県総合医療センターの計画プロセス(設計:梓設計、奈良県、撮影:伸和)
平城京の都市空間から着想を得て、エントランス、ホール、病棟と各所の入口にゲートを配置。エントランスのエレベーターの入口は朱雀門をイメージした朱色。
平城京図、朱雀門写真は『日本建築史図集 新訂第三版』(日本建築学会編、彰国社)より

2.————— WEL
INTERIOR DE

・本章の施設の所在地は大阪府である。
・図面において、実線の矢印は空間がつながっていることを表し、破線の矢印は視線を表す。
・図面作成にあたり二井清治建築研究所の協力を得た。

2. 福祉施設のインテリアデザイン

2. 福祉施設のインテリアデザイン　　障害者施設　　● ● ●

01

玄関は混乱をなくし安全を確保する

- 障害特性により動線を分ける
- 一人ずつ扉を付けた下足箱
- 車椅子利用者にはフットスペースを設ける

障害者施設では、その障害特性により配慮する事柄に違いがあります。身体障害のある人は、車椅子の乗り換えや靴の履き替えに時間がかかります。知的障害のある人の場合は、動きが激しくてぶつかってしまうこともあります。異なる障害特性の人が利用する通所施設では、危険を避けるためにその特性により動線が重ならないようにすることが求められます。また、玄関を気持ちのよい場所にするため、できるだけ視線が抜け、明るい空間になるよう計画します。

玄関では、一度に多くの靴が目に入ると混乱を生じるために、一人ずつ扉を付けた下足箱を設置して混乱をなくします。扉にはネームプレートを貼り、文字やマークにより認知しやすさを高めています。

[1] は、重症心身障害[1]者が利用する玄関です。ここで室内用の車椅子に乗り換えるため、車椅子を置くための広いスペースを確保しています [→2]。下足箱の下部にフットスペースを設けており、車椅子に乗ったまま近寄ることができます。下足箱の扉はヒノキの集成材を使用しており、ϕ90 の手掛かり用の穴を開けることで、中が少し見え、空気も出入りします [→3]。周囲の壁は車椅子のガードを兼ねて腰板を張っています。正面の格子戸は、直接訓練作業室につながっており、格子で透かすことで訓練作業室を通して屋外の光が入り、中に居る職員からも玄関の様子が見え、安心感があります。

知的障害のある人が自動ドアから飛び出して危険に遭うことが心配される場合は、室内側の壁面に押しボタンを設置し、ボタンを押すと解除されてドアが開く方法もあります。手前に観葉植物を置くなど、ボタンが目立たないようにしておくとよいでしょう。

1 重症心身障害：重度の肢体不自由と重度の知的障害とが重複した状態。

2. Welfare Facility Interior Design　　Facility for People with Disabilities

1 重症心身障害者通所施設の玄関。車椅子用に下足箱の下にフットスペースを設けている（ぶれいすBe、撮影：松村芳治）

2 玄関平面図

3 下足箱家具図、仕上げ表

天板：ヒノキ集成材 厚25 OC

扉：ヒノキ集成材 厚25 OC
平蝶番 マグネットキャッチ
（扉の仕様）

内部天板：ヒノキ集成材 厚25 OC

手掛り穴：φ90

棚受柱

名札（マグネットシート）：SPL 角面取

2. 福祉施設のインテリアデザイン　　障害者施設　　● ● ●

02

多様な障害者が利用する訓練・作業室

- 仕切りや棚を設けて作業空間を構造化する
- 集団のなかで一人になれる空間をつくる
- 丈夫で経年劣化が少ない壁の仕上げ材OSB

障害者の通所施設では、「訓練・作業室」が活動の中心になります。以前は障害種別に施設体系がつくられていましたが、障害者自立支援法[1]（2005年）により一元化されました。ひとつの施設で多様な障害特性の人を受け入れるようになると、見通しのよい大きな空間で全員が一緒に過ごすことに、ストレスを生じるケースも出てきます。

[1,2]は訓練・作業室を複数の部屋に仕切って、集団での作業が苦手な人にも対応できるようにした事例です。自閉症の傾向のある人は、他人の視線や動きが気になるため、個別の作業机を衝立で囲い、机の前に棚を設けて、何をする場所かをわかりやすく構造化しています。

刺激に敏感な人が集団の活動に疲れたときに、一人になれる部屋が必要な場合もあります。[3]は同じ施設内の作業室の一角につくった、3〜4m²の小部屋「リラックスルーム」の内部です。音を遮断でき、空調は作業室からの分岐と扇風機を併用しています。調光タイプの照明器具で、内装は鎮静効果のある青系としています。そのほかにも、ミシンを使う人が集中できるようにカーテンで仕切った「ミシンコーナー」や、アコーディオンカーテンを使って一人になれる空間をつくり、集団のなかでも刺激を少なくする工夫をしています[→4]。

作業室の壁の仕上げ材として、丈夫で安価な構造用パネルOSB[2]を使うことがあります。本来は壁や床の下地材ですが、木材チップの質感がよく、内装材として、白いペンキを塗って拭き取り仕上げとすると部屋が明るくなり、日に焼けにくいため当初の美観を保つことができます。耐水性は低いため水まわりには適しません[→5]。

1 障害者自立支援法：障害者の日常生活及び社会生活を総合的に支援するための法律。平成17（2005）年10月公布、平成18（2006）年4月一部施行、10月全面施行。

2 OSB：Oriented Strand Board。木材の小片を接着剤と混ぜて熱圧成型した木質ボードの一種。

2. Welfare Facility Interior Design　　Facility for People with Disabilities

1

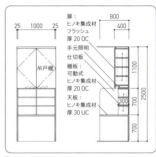
2

3

5

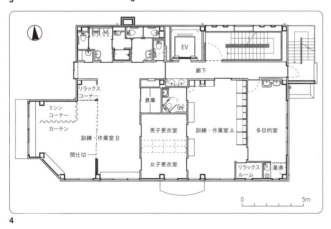
4

1 作業室は自閉症の人が作業しやすいように、作業机を衝立や棚で構造化（とうふく布施、撮影：母倉知樹）
2 作業机家具図
3 リラックスルーム
4 とうふく布施平面図（2階）
5 OSBの内装仕上げ（ジョブサイトひむろ）

2. 福祉施設のインテリアデザイン　　障害者施設　　● ● ●

03

障害特性に対応した食堂・台所

- 車椅子の人も中に入って参加できる台所
- 自閉症者に対しては冷蔵庫を見えなくする
- 自立度に応じた台所設備を備える

障害者の施設では、通所・入所の別や、障害特性により台所の形状も異なります。通所施設では食堂を地域の人に開放して交流空間とする事例もあります。

[1]は重症心身障害者を対象とした生活介護事業所の食堂に付属する台所です。注文した弁当を盛り付けたり、温める作業をするため、流しのスペースを最小限とし、代わりに車椅子利用者も台所の中まで入れるように、配膳用カウンターにキャスターを付けて動線スペースを確保しています。

自閉症[1]者を対象とした施設の場合は気になる物を視界から消すということも有効です。[2]は短期入所施設の食堂・台所です。食事は同じ建物の厨房から運んでくるため、この台所では盛り付けや洗い物をします。自閉症者は、短期入所のような慣れない環境では、冷蔵庫やスイッチにこだわることが懸念されました。そこで食堂の物入れの中に冷蔵庫と照明のスイッチを収納し、物入れの扉は壁と同色にして、目立たないようにしています[→3]。

[4]は福祉型障害児入所施設の食堂です。食事は全体の厨房で調理し、共用の食堂にある台所に運んで盛り付けます。台所の中から食堂に居る子どもの様子を見ることができるカウンター式キッチンですが、子どもが中に入らないように扉を付けています。職員が居る場合など、状況に応じて子どもたちも利用することができます。

年齢や障害の程度によりグループが分かれており、重度で個別ケアが必要なグループは水の管理[2]が必要なため台所設備はありません。一方、自立度が高い中高生グループの共用室には、自分たちでお菓子などがつくれるように流し台と調理台を備えています。

1 自閉症（自閉スペクトラム症）：主に社会的なコミュニケーションの困難さや空間・人・特定の行動に対する強いこだわりがある等、多種多様な障害特性のみられる発達障害のひとつ。2013年のアメリカ精神医学会（APA）の診断基準DSM-5の発表以降、「自閉スペクトラム症」と表現することが多い。
（参考：一般社団法人日本自閉症協会　https://www.autism.or.jp/）

2 水の管理：水を出しっ放しにしたり、際限なく飲んでしまったりするため水を管理する必要がある。

2. Welfare Facility Interior Design　　Facility for People with Disabilities

1 車椅子利用者が台所の中に入れるように、配膳用カウンターを可動式とした（クローバー、撮影：松村芳治、以下4まで）

2 自閉症者の短期入所施設の食堂。冷蔵庫を左の物入れに収納している（ぷれいすBe）

3 食堂の平面図

4 福祉型障害児入所施設の共用の食堂にある台所には扉が付いている（豊里学園）

2. 福祉施設のインテリアデザイン　障害者施設　● ● ●

04

個々の入居者のニーズに合わせて居室をしつらえる

- 壁はビニルクロスやシナ合板張り
- 音によるトラブルには壁と扉で防音する
- スケジュールボードなどで生活を支援する

障害者のグループホーム[1]は全室個室が基準となっています。そのため、個々の入居者の特性やニーズに合わせて仕上げを変えて居室の損傷を防いだり、壁や扉に防音機能をもたせて音による他者とのトラブルを軽減したりすることができます。

[1,2]は強度行動障害[2]を伴う自閉症者を対象としたグループホームの居室です。ほかの入居者との動線を分けるため、共用空間に面さないよう居室を配置しています。居室の内装は標準的な仕様を決めたうえで、個々のニーズに合わせたオプション仕様を取り入れ、建設費を抑えつつ一人ひとりに適した環境を整えています。

たとえば居室の壁は、下地のプラスターボードを二重張りにして一般住宅よりも強度をもたせ、ビニルクロス仕上げを標準仕様としています [→1]。クロスを剥がしてしまう人には、手の届く高さまでシナ合板を張って仕上げています [→2]。窓サッシは中桟を2本入れて強化したものを標準仕様とし、強化ガラス[3]かポリカーボネート[4]を利用者の状況により選択しています [→3]。音が気になる人やテレビの音量を大きく上げる人の部屋は、壁や扉にグラスウールを入れて防音機能をもたせています。どの部分を防音にするかについては、生活の仕方や隣室の利用者との関係などを十分聞いたうえで決定しました。特に音に敏感な人の居室は、[4]に示すように廊下との間に前室を設けています。

入居時にはベッドや家具、家電、スポーツ機器などをそれぞれに揃え、カーテンや壁紙も好みのものを保護者と選んでいます。

入居後は、職員によりスケジュールやコミュニケーションの認知を補助するためのツールが製作され、個々の生活が支援されています。

---

1 障害者のグループホーム（共同生活援助）：障害のある人が地域の中で、家庭的な雰囲気の下、共同生活を営む住まいの場。入居定員は2人以上10人以下。居室面積：収納設備を除き7.43m²。

2 強度行動障害：自分の体を叩いたり食べられないものを口に入れる、危険につながる飛び出しなど本人の健康を損ねる行動、他人を叩いたり物を壊す、大泣きが何時間も続くなど周囲の人のくらしに影響を及ぼす行動が、著しく高い頻度で起こるため、特別に配慮された支援が必要になっている状態のこと（厚生労働省「強度行動障害を有する児者への支援に係る報酬・基準について《論点等》」より）。

3 強化ガラス：一般のガラスよりも強度が高く、割れたときに鋭利な形状にならない。ただし粉々になるためフィルムを貼る必要がある。

4 ポリカーボネート：ハンマーでたたいても割れない。熱にも強いが傷がつきやすい。消防の進入口には使用できない。

2. Welfare Facility Interior Design   Facility for People with Disabilities

1

2

1 壁紙を貼った居室。右側の壁手前には職員手作りのスケジュールボードを吊り下げている（レジデンスなさはら）

2 壁にシナ合板を張った居室。壁は防音仕様としている。こちらもオリジナルのスケジュールボードが使われている。

3 居室の標準仕様とオプション例

4 音に敏感な人の居室
入居後、複数のものが同時に視野に入ることで混乱を起こしたため、室内を建具（点線部分）で仕切って、行為ごとに空間を分けることで改善が図られた。

居室の標準仕様とオプション例		
項目	標準	オプション例
壁仕上げ	ビニルクロス	H1800mm までシナ合板張
防音	なし	壁、扉
窓	強化ガラス	ポリカーボネート
照明器具	直付シーリング	埋込型（天井面フラット）

3

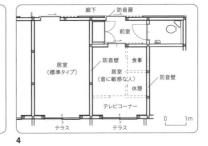

4

2. 福祉施設のインテリアデザイン　　障害者施設

05

障害を際立たせないさりげない配慮

- テレビを保護する家具をつくる
- 家具を持ち上げられない工夫
- 水跳ねを防止する泡沫吐水口

福祉型障害児入所施設の建替えでは、テレビを倒したり壊したりしないように、テレビを囲う小さな家具を製作しました [→**1**]。ヒノキの集成材を用いて背面と側面を囲い、正面にはポリカーボネートを張り、正面と両側面の3カ所に穴をあけて音が聞こえるようにしています。壁にピッタリ付けることができるように、コンセントの厚み分、背面の板を内側に設けています。

[**2**] は、入所児を年齢、性別、障害の程度により6つのグループに分けた施設の、男子中程度グループの居間です。壁と同じ素材で製作した家具で囲ったテレビは違和感がなく、ラグとビーズクッションで子どもたちの居場所をつくっています。

[**3**] はフィンランドにある精神障害者リハビリテーションホームの居間です。木でつくられたテレビボードとテーブル、ソファにはクッションが置かれ、一見普通の家庭のようですが、この家具は特注で頑丈なだけでなく、簡単には動かせないよう、家具の端を斜めに削って手掛かりにならないようにしているのです [→**4**]。突発的に家具を投げてしまわないようにという配慮です。見た目には何ら変わらないのに、細部にまで配慮がされている。福祉施設の設計やインテリアを考えるときに欠かせない視点です。

水跳ねも障害者施設ではしばしば問題になります。これは蛇口の種類によりある程度防ぐことができます。蛇口には整流吐水口と泡沫吐水口があり、整流吐水口から出た水は手や洗面器などに当たって跳ね返り、まわりに飛び散りますが、泡沫吐水口は水の中に気泡を巻き込み吐水することで気泡がクッションとなりこれを防止します。水圧が高くて水の勢いが強い場合は、水圧を弱く調整しておくとよいでしょう。

2. Welfare Facility Interior Design　　Facility for People with Disabilities

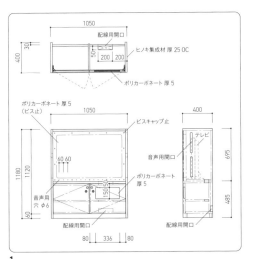

1 テレビを保護する家具。
ヒノキの集成材で3方を囲い、画面の部分はポリカーボネートを張り、音が聞こえるように穴をあけている。下は録画デッキ等を収納する棚。背部に配線用の開口を設けている。

2 障害が中程度のグループの居間。テレビを保護する家具を置いている。ラグとビーズクッションで座る場所を示す(豊里学園)

3 精神障害者リハビリテーションホームのリビング。一般家庭と変わらないが家具が持ち上がらないように工夫されている(Skarppi、ヘルシンキ、フィンランド)

4 手が掛けられないよう家具の端を斜めにしている。

2. 福祉施設のインテリアデザイン　　障害者施設　　● ● ●

06

障害特性によって異なるトイレの配慮

- トイレにも居室と同等の居心地をもたせる
- 立つ位置を示す足形マークを付ける
- 床は汚れを拭き取る乾式工法が主流

重症心身障害者の通所施設では、排泄に30分以上も時間を要することがあり、夏場は利用者も介助する職員も汗びっしょりになります。時間をかけて排泄に取り組むためには、トイレに冷暖房を付けて居室と同等の居心地をもたせることが求められます [→**1**]。加えてオムツや衣類交換のためのベッドが置ける広さを確保します [→**2**]。ベッドは既製品でも構いませんが、部屋の大きさに合わせて造作家具で制作してもよいでしょう [→**3**]。ベッドからも眺めを楽しめるよう、ライトコートに面して開口を設け、ロールスクリーンで光を調整します。トイレは訓練・作業室に面しており、部屋からの移動は天井走行リフトによって行います。向かいの建物の窓は排煙窓で、高い位置にあるため視線は気になりません。

知的障害児者の場合は、小便器を利用するときに、立つ位置がわからずに便器のまわりを汚してしまうことがあります。足形マークを付けることで汚れを軽減することができます [→**4,5**]。また、トイレに物を詰めてしまうことがよく問題になることから、詰まったときに簡単に取り出せる掃除口付きの便器を用います。

トイレのサインは一般に男女の人の形が使われますが、個別ブース型のトイレでは大便器や小便器の形状を表したサインがわかりやすい場合もあります。床仕上げは、抗菌タイプのビニルシートを敷き詰めて汚れを拭き取る乾式工法が主流です。壁との取り合いは巻上げ式により防水効果をもたせます。要望により床に排水溝を付けておくこともありますが、この場合、普段使用しない排水トラップの水が切れると臭いが逆流してくるため、定期的に排水溝に水を注ぐ必要があります。

2. Welfare Facility Interior Design　　Facility for People with Disabilities

1 重症心身障害者通所施設のトイレ。大きな開口はロールスクリーンで光を調整（ぶれいすBe、撮影：松村芳治）
2 トイレ平面図
3 トイレ内のベッド造作図
4 知的障害者施設のトイレ。小便器の床に立つ位置を示すマーク（アースグリーン）
5 小便器用の足形マーク

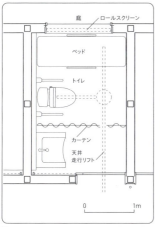

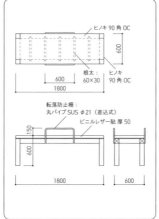

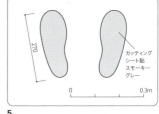

2. 福祉施設のインテリアデザイン　　障害者施設　　●　●　●

07

重症心身障害者の入浴に配慮すること

- 四肢が突っ張る人のための浴槽
- 泡や香りで感覚を心地よく刺激する
- 脱衣室は2台のベッドが入る広さを確保

入浴の基本は体を清潔にし、健康を保つことですが、全介助を必要とする重症心身障害者の入浴は、それに加えて心地よさやリフレッシュの要素をもたせます。そのため、視覚をはじめ、嗅覚、聴覚、触覚などの五感に心地よく働きかけることを考えます。また、入浴介助をスムーズに行うために、浴室だけでなく脱衣室の広さも確保します。

身体障害のなかで入浴時に四肢が突っ張る人の場合、両手を広げた幅の浴槽が必要です。[1] は、そのような利用者を介護者が抱えて一緒に入れるように設計した浴槽です。形状は1辺が1100mmの正方形で、深さ460mm、浴槽の縁に150×60mmのヒノキ材を回して肌に触れる部分には柔らかさをもたせています。浴槽と同じ高さのヒノキ縁台を横に置き、その上で身体を洗って浴槽に滑り込みます。湯に浸かった状態で外の緑が見えるように、坪庭に面して大きな窓を開けています [→2,3]。

[4] はスウェーデンの障害者通所施設の浴室です。泡が出る機能の付いた浴槽の周囲にソファやビーチパラソルが置かれています。天井には走行リフトが備えられ、自由に体を動かすことができない障害者が、泡の音や感触、浮遊感、アロマオイルの香りなどの心地よい刺激を楽しむことができます。サーモンピンクのタイルに白のストライプが映え、開口からは太陽の光と木々の緑が見え、まるでリゾート空間のようです。

重症心身障害者の脱衣室では、ベッドを2台設置できる広さを確保します [→5]。着替えに時間がかかったり入浴前後にシーツを汚して交換が必要になるなど、1台だけではスムーズに入浴や着替えができない場合があるためです。同時に利用するときは衝立を立てるなどプライバシーにも配慮します。

2. Welfare Facility Interior Design　　Facility for People with Disabilities

1

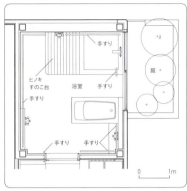

2

3

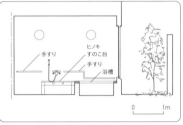

4

5

1 四肢が突っ張る利用者を介護者が抱えて一緒に入る浴槽。窓からは緑が見える（里の風）

2 浴室平面図

3 浴室断面図

4 障害者通所施設の浴室。ピンクのタイルと白いラインが楽しい（サフィーレン、マルメ、スウェーデン）

5 重症心身障害者の通所施設の脱衣室。ベッドを2台置くことができる（クローバー）

2. 福祉施設のインテリアデザイン　　障害者施設　● ● ●

08

階段室で気持ちや行為を切り替える

- 自由に行き来できる階段と管理する階段を分ける
- 階ごとに異なる壁の色で空間を認識しやすく
- 踊り場に椅子を置くと休息の場所になる

主に知的障害者を対象とする施設では、エレベーターにこだわりがある利用者がむやみにボタンを押したり、ドアに挟まるなどの危険があることから、階段を利用して上下移動をすることが多いようです。

[1] は知的障害者が通う生活介護事業所の1、2階をつなぐ階段室です。3階建ての建物で、1階は食堂、2階は作業室、3階はショートステイと目的別にゾーニングされています。通所者が間違って3階まで行かないよう、3階までの直通階段は扉を付けて職員が管理し、1、2階は自由に行き来できるオープンな階段として、動線をわかりやすく分けています。利用者が階段室を通ることで食事と作業の行為を切り替えることを想定し、大空間に光が降り注ぐ特別な場所となるよう計画しました。光が壁に反射し壁面のレリーフを浮かび上がらせ、階段室全体がグリーンの光に包まれます [→2]。

階数が多い直通階段を利用者が行き来する場合は、正面の壁を色分けして空間の認知しやすさを高めます。黄色や黄緑、青色など、彩度を少し下げて使用すると、落ち着いたなかにもリズミカルな階段室になります。

マルベリー・ブッシュ・スクールは、情緒に深刻なダメージを負った子どもに、セラピーと教育、そして生活を通じて治療をする施設です。学校と住居のコテージからなり、[3] は学校の階段室です。サーモンピンクの壁に複数の窓を設けた明るい空間で、踊り場には椅子が置かれ、休憩したり外を眺めたりする場所として利用されています。コテージの子どもの居室の様子がその子の情緒の状態を表すものとして、ケアアセスメントのひとつに取り入れられており、環境と心の相互関係が重視されています。

2. Welfare Facility Interior Design　　Facility for People with Disabilities

1

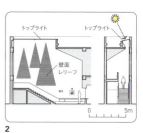

2

3

1 木を表すレリーフと緑の斜め天井の間から自然光が降り注ぎ、緑の光に包まれる空間となっている（ライフグリーン、撮影：松村芳治）

2 階段室断面図

3 児童施設にある学校の階段室。大きな開口のある階段室の踊り場に複数の椅子が置かれている（マルベリー・ブッシュ・スクール、オックスフォード、イギリス）

2. 福祉施設のインテリアデザイン　　障害者施設　● ● ●

09

廊下は安全な移動と快適な空間づくりを心がける

- 天井と軒下を同素材とし、外部と連続させる
- 透けた間仕切りで室内と廊下の視線をつなぐ
- 廊下の連続する窓に設けたステンドグラス

福祉施設の廊下は、段差のない床や歩行を補助する手すりを付けて、安全な移動を確保することが重要です。一方で、移動中でも外の景色を見たり、陽の光を感じたりすることで、気持ちをリフレッシュできます。廊下は施設の中で広い面積を占めるため、安全で快適な空間をつくるよう心がけます。

玄関、食堂、作業室などをつなぐ廊下は、ゾーンが変わる部分で天井の高さを変えると、空間の変化を感じることができます。目の不自由な人でも、反響音の違いが空間を認識する手がかりとなります。さまざまな障害をもつ人が利用する福祉施設では、天井高さの変化を積極的に利用するとよいでしょう。

[1] は障害者の通所施設で木造の建物です。庭に面した廊下の天井と外部の軒下を同じ板張りで仕上げることで、外部空間を廊下と連続させて開放感をもたせています。また、壁側の折り上げ天井は壁と同じ白で仕上げることで圧迫感をなくし、外からの光を受けて明るく感じます [→2]。

[3] は障害者通所施設の作業室前の廊下です。作業室の外にトイレがあるため、作業室内にいる職員から廊下の様子が見えるように透明のポリカーボネートの間仕切りとしました。視線が通り、廊下が明るく開放的な空間となっています。部屋の中に居る人が落ち着かない場合は、ロールスクリーンを付けて調整します。

[4] は障害児入所施設の食堂とユニットをつなぐ廊下です。連続する腰窓に波と泡をイメージしたステンドグラスを入れることで、移動中もアートを楽しめるようにしています。窓全体に入れると重い感じを与えるため、下3分の1を仕切ってステンドグラスを入れ、上部は透明ガラスとして視線が空へと抜けるようにしています。

2. Welfare Facility Interior Design　　Facility for People with Disabilities

1

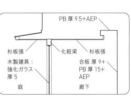

2

3

4

1 庭に面した廊下の天井と軒下を同じ板張りで仕上げて庭と一体化し、開放感をもたせる（ぶれいすBe、撮影：松村芳治）

2 廊下の天井断面図。壁側は板張り天井を折り上げて壁と同じ白で仕上げることで圧迫感をなくす。

3 廊下と作業室の間を透けた間仕切りにすると見通しがよくなる（アースグリーン）

4 廊下の連続窓にステンドグラスを入れ、楽しい空間とした（豊里学園、撮影：松村芳治）

2. 福祉施設のインテリアデザイン　　障害者施設　　● ● ●

10

五感を心地よく刺激するスヌーズレンルーム

- 機械の操作室を別に設ける
- 2段ベッドを利用したミニスヌーズレン
- 色彩、音楽、匂いで特色をつける

スヌーズレンは、光、音、感触、匂いなどにより五感を心地よく刺激する環境をつくり、その中で障害者が自由に感覚を楽しみ介護者とコミュニケーションを図る活動や理念をいいます。

北欧などでは、さまざまな種類のスヌーズレンの部屋がありますが、専用の部屋を設けるのが難しい場合には、静養室や相談室を利用して光や音楽に満たされる空間をつくることも可能です。

豊里学園のコスモルームは、10m²ほどの部屋に、赤、青、黄の泡が出るバブルユニット、光を部屋中に回すミラーボール、無数の光ファイバーが点滅するサイドグロウなどをセットしています。また、機械操作室を別に設けてプロジェクターを子どもがさわらないようにし、上部の開口から映像を映すようにしています [→1,2]。

[3] は、スウェーデンの重複障害児の保育園にある、2段ベッドを利用したミニスヌーズレンです。クッションを敷き詰め、光る装置やさまざまな感触の物を吊り下げています。このように、たとえば押入の下段を使って小さなスヌーズレンの空間をつくることができます。

同じくスウェーデンの障害者の体験施設では、白い部屋に光が湧き上がり、ヒーリングミュージックやリラックスできる香りで満たされた「天国の部屋」や、オレンジや黄色の部屋にボールプールが備えられ、活動的な音楽や香りが脳を刺激する「太陽の部屋」[→4] などがあります。

スヌーズレンの部屋をつくる場合、明るさが調整できる調光式照明を選定し、窓には遮光カーテンを付けます。設計時点で専用機器の導入が決まっている場合は、配線を壁や天井に通してスイッチで操作できるようにすると安全です。

2. Welfare Facility Interior Design　　Facility for People with Disabilities

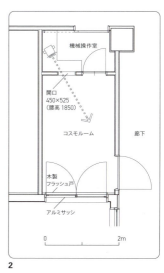

1 機械室を壁で仕切り、開口からプロジェクターの映像を映している（豊里学園のコスモルーム）

2 コスモルーム平面図

3 2段ベッドを利用したミニスヌーズレン（ゴングローテンス保育園、マルメ、スウェーデン）

4 オレンジや黄色の色彩に活動的な音楽が流れる「太陽の部屋」。ボールプールには天井リフトで入ることができる（サフィーレン、マルメ、スウェーデン）

2. 福祉施設のインテリアデザイン　　障害者施設　●　●　●

11

部屋全体を光と色で演出する

- 木製ルーバーを取り付け天井の高さを抑える
- ミラーボールとスポットライトで光を回す
- ハンモック用の金具を取り付ける

[1] は、ビルの一室を改修した約20坪の障害児通所支援事業所です。重度の身体障害児を主な対象とすることから、自由に動けない子どもにも楽しんでもらえるように、部屋全体に感覚を刺激する仕掛けをしています [→2,3]。天井を撤去して構造体を見せた指導訓練室は、高さが3mを超えます。子どもが寝転がって過ごすには高すぎるため、梁下に木製ルーバーを取り付けて高さ2.5mに抑えた部分をつくりました。この中に空調機を収めています。

部屋の照明は、ペンダント式照明器具と、天井を照らすアッパーライトを組み合わせています。また、天井ルーバーに市販のミラーボールを吊るし、スポットライトを付けて、ミラーボールに反射した光が部屋全体をゆっくり回るよう、位置や回転速度を設定しました。

部屋の隅にはバブルユニットを設置し、2方に鏡を貼って光の泡を増幅させています。周囲をカーテンで囲い一人でも楽しめるコーナーとしました。感覚が未発達な子どもに対しては、ハンモックを利用した感覚の遊びを取り入れられるように、吊り金具を躯体部分にしっかり取り付けて安全を確保しています。

事業所には相談室が必要とされたため、指導訓練室の中に赤い屋根の小さな家をつくりました [→4]。窓にはロールスクリーンを付けて視線が遮れるようにしています。ほかにも壁の一部を切って赤い屋根のように見せ、梁や建具に黄、ピンク、青の色を付けて、楽しい空間にしました [→5]。

水まわりは、パイプスペースの周囲に車椅子用トイレ、オムツ交換用のベッドを備えたユーティリティスペース[1]、ミニキッチンなどを設け、配管を壁際に設置することで、段差のない床仕上げとしています。

1 ユーティリティスペース：洗濯、掃除、収納などの空間。

2. Welfare Facility Interior Design　　Facility for People with Disabilities

1

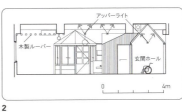
2

4

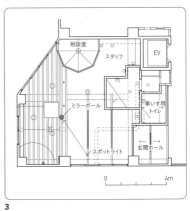
3

5

1 一部梁下に木製ルーバーを取り付けて天井を低く抑えることで落ち着いた空間としている。照明はペンダント式とアッパーライトを組み合わせ、ミラーボールにスポットライトの光が当たるように計画。(まめべや)

2 断面図

3 天井伏図

4 家を模した相談室

5 玄関側を見る。梁の上部に仕込んだ照明が天井面を照らす。玄関の左手には水まわりを集めている。

2. 福祉施設のインテリアデザイン　　障害者施設　　● ● ●

12

地域との共生を目指す

- 施設の食堂をカフェとして利用する
- ガラスの開口を用いて中の様子を見せる
- 多様な座り方ができる家具、温かな照明

障害のある人やその家族は、障害があっても、生まれ育った地域の中で、家族、友人、隣人たちと普通の暮らしを送りたいと考えています。

障害のある人が地域において地域とともに生きるためにはどのようなことが考えられるでしょうか。

障害者の通所施設では、利用者の食堂をカフェとして、地域の人に利用してもらうことがあります。施設の中に地域の人を迎え入れることは、施設やその利用者に対する理解を深めることにつながります。その場合のポイントとしては、敷地のできるだけ道路に近い部分に食堂を計画してカフェの看板を掲げ、外部から入れる専用の出入口を設けること、土足で利用できることなどが挙げられます。

地域との共生を目指すには、施設の構え方が開放的であることが大切です。全部を丸見えにする必要はありませんが、閉鎖的な空間を好む人や刺激が苦手な人の居場所を確保しつつ、ガラスの開口を用いて、外から中の様子が見えるようにします。

[1,2,3] は通所者の食堂を利用してカフェを運営している施設です。予約制でランチを食べることもでき、利用者と一緒になることもあります。複数組み合わせられる二人用テーブルに、丸テーブルやソファ席もあり、人数や使い方に合わせた座席の設定ができます。

照明は電球色のペンダント式照明器具を用いて、外から温かな光が見えるようにしています。厨房との間には格子の引戸を設けており、昼食時以外は戸を閉めることで厨房内の音や視線を遮り、落ち着いた雰囲気になります。なおこのカフェは、就労継続支援B型[1]事業として利用者が継続的に働ける場となっています。

1 就労継続支援B型：一般企業等での就労が困難な人に、就労する機会を提供するとともに、能力等の向上のために必要な訓練を行う。

2. Welfare Facility Interior Design   Facility for People with Disabilities

1

2

3

1 通所者の食堂を兼用した地域の人が利用できるカフェ。イベントも開催される（ぷれいすBeの中にあるCafé Be）
2 来客用の入口
3 窓に面したソファ席。窓の外には季節の花や樹木を植え、緑を見ながら時間を過ごすことができる。

2. 福祉施設のインテリアデザイン　　高齢者施設　　●　●　●

13

入所施設の入口は住まいの趣で迎える

- 玄関戸、下足箱、照明器具のデザインを統一
- ベンチを設け足腰の衰えを補う
- 感染症を予防するため手洗い場を設ける

福祉施設の入口は、施設の顔として最初にイメージづけられる重要な場所です。ここで紹介する地域密着型特養や認知症グループホームなど入所施設の入口は、住まいの趣のある玄関として計画します。

はじめに目に入るのは玄関の扉です。車椅子利用者が多い施設では自動ドアを導入します。自動ドアはスチールの枠にガラスをはめ込んだものが一般的ですが、日本では昔から玄関戸に格子を用いたものが多く見られることから、格子を用いた自動扉をデザインしました。両引きのスチール戸の中に格子戸を組み込んでビスで止め、左右のフィックス部分は外側に縦格子戸を取り付けて、木造建具のように見せています [→1,2]。照明器具は全体の雰囲気に合わせて和紙のペンダントとブラケットを使用し、補助的にダウンライトを組み合わせています。

玄関で履物を着脱する場合は、下足箱が空間を決定する大きな要素になります。利用者の人数、職員数、来訪者数に加え、上足に履き替える場合はそれも入れて全体のボリュームを決めます。履物が丸見えになると雑然とした感じになるため、下足箱には扉を付けることをおすすめします。来客用など頻繁に出し入れするものは扉を付けない場合もあります。下足箱の高さは、上に物を飾ることを想定して1000mm程度に抑え、天板は手すり代わりに使えるように、面を取って手触りよく仕上げます。また、下足箱の近くにベンチを設置し、足腰が衰えた高齢者が靴の着脱をしやすいようにやや低めにしつらえます [→3]。

高齢者は感染症に対して重症化しやすいため、入口近くに手洗い場を設けます。写真の事例では、石けんや消毒液を置けるようカウンターを設け、砥部焼きの洗面ボウルを特注して取り付けています [→4,5]。

2. Welfare Facility Interior Design   Facility for Elderly

1

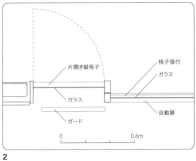

2

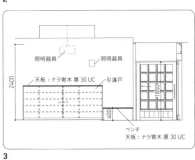

3

4

5

1 格子の玄関扉、引違い扉の下足箱、和紙の照明器具が住まいらしさを伝える。右手の窓は事務室、窓下は来客用の下足箱。扉のない部分は内の色を扉と合わせて一体感を出している。右手の掲示板は壁と同じ色に仕上げている（ふれ愛の館しおん、撮影：母倉知樹）

2 玄関自動扉詳細図
両引きのスチール戸に木製格子をビス止め。両側の縦格子はガラス面の掃除ができる開き戸。

3 玄関展開図（下足箱とベンチ）
ベンチの高さは420mmとやや低めにしている。下足箱は手すり代わりになる。

4 洗面ボウル

5 玄関平面図
入ってすぐ左手の手洗いは特注の砥部焼のボウルをカウンターにはめ込み。下部はゴミ箱を置くスペース。

2. 福祉施設のインテリアデザイン　　高齢者施設　　● ● ●

14

ユニットの独立性を高める入口のデザイン

- ユニットの内外で床の仕上げを変える
- 天井高さを下げて住まいのスケールにする
- 室名サインと門灯を付けて玄関らしく

前節の地域密着型特養は3つのユニットに分かれており、各ユニットは9〜10人の入居者が暮らす、よりプライベートな場所です。この施設では1階で靴を脱ぎ、素足でエレベーターに乗りホールに降りてそのままユニットに入ります。ユニットの入口はより独立性を意識できるようにいくつかの工夫をしています [→**1**]。

まず、床仕上げについては、エレベーターホールはタイルカーペット、ユニット内は畳で仕上げ、色や足触りの違いで認識しやすくしました。タイルカーペットは、1枚が400〜500mm角でつくられたパネル状のカーペットで、床に接着せず敷き詰めているため、汚れたときには部分的に取り外して洗浄することができます。

次に、天井の高さです。ホールの天井高さは2400mmありますが、ユニット入口手前を2150mmとして住まいのスケールに落とし、斜めになった部分をダークブラウンで仕上げることで視覚的にも落ち着きをもたせています。さらに、ここから別の領域に入ることを意識できるよう、建具の高さをほかの建具よりも50mm低くしています [→**2,3,4**]。

ユニット入口の扉は木製引戸で、施設全体の入口と同じデザインを用いて統一感を図っています。正面の袖壁には、門灯に見立てた和紙のブラケット照明と、木の板に墨で文字を書いた室名サインを飾って、玄関らしい趣に仕上げています。

なお、このユニットの入口は建築基準法では廊下となり、ユニット内の居室から外へ出る避難経路[1]に位置づけられています。そのためここでは1600mmの開口を確保する必要があり、引戸を袖壁の中に引き込んで縦格子を開き戸とすることで、全開すると要件を満たせるよう設計しています。

1 避難経路：安全に避難できる通路。避難経路には誘導灯や非常灯が設置される。有効幅は建築基準法施行令により廊下の用途や配置の要件により決められている。

2. Welfare Facility Interior Design　　Facility for Elderly

1

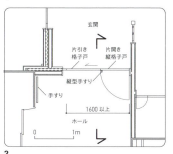

2

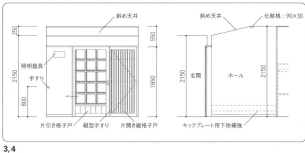

3,4

1 ユニット入口。タイルカーペット敷きの廊下から畳敷きへと床仕上げを変えて内外の境界を示す。袖壁の色はユニットごとに異なる（ふれ愛の館しおん、撮影：母倉知樹）

2 ユニット玄関戸詳細図
避難経路の要件を満たすため、片引き戸を袖壁の中に引き込み、右手の縦格子を開き戸として1600mmの開口を確保。

3 ユニット玄関展開図
施設全体の入口と扉のデザインを合わせている。

4 ユニット玄関断面図
入口部分は天井高さを低くしている。

2. 福祉施設のインテリアデザイン　　高齢者施設

15

食事を中心にした特養の生活空間

- 台所を中心に据えて食事を重視した生活を実現
- カウンターの高さを座式の視線に合わせる工夫
- 天井や床の仕上げでさまざまな姿勢に対応する

高齢者施設の共同生活室は住宅では食堂や居間にあたります。家庭的なスケールと家具で構成される空間で日常生活が繰り広げられます。

地域密着型特養は、地域住民に対するサービスに特化し、少ない人数で顔馴染みの関係性のもと、地域の中でともに暮らすという点に重点を置いている老人ホームです。

[1] は地域密着型特養の共同生活室です。この施設では、入居者の食事を生活の柱とし、食材の購入から調理、片付けまでをユニットで行っています。そのため、職員が長時間滞在する台所をユニットの中心に据えて、2方向にカウンターを設けて共同生活室に面するとともに、周囲の居室にも目が届くように四方に開口をとり、2カ所に出入口を設けています。また、料理のおいしそうなにおいがユニット全体に広がり、家庭的な雰囲気を演出できます [→2]。

共同生活室の床仕上げはフローリングと畳に分け、食卓、低いテーブル、座机を置いて、さまざまな姿勢で過ごせるようにしています。畳に座る人に対しカウンターが威圧的にならないように、カウンターの腰に天板を付けることで低い視線に合わせています。天板には重い物も置けるように側板で支えています [→3]。

天井は、立って歩く通路部分は白で高さを強調し、窓側は座ったときに落ち着けるように濃いブラウンで傾斜をつけています。天井の傾斜で生じた窓側サッシとの間に照明器具を入れて間接照明とし [→3,4]、コーナーに和紙のペンダント式照明器具を吊って奥行き感をもたせています。また、奥の廊下との間に格子を立てて空間を仕切り、落ち着ける居場所をつくっています。

2. Welfare Facility Interior Design　　Facility for Elderly

1

3

1 玄関の正面は縦格子を付けて目隠しとし、腰壁には木製のテーブルガードとキックガードを付けて生活空間に馴染ませている（ふれ愛の館しおん、撮影：母倉知樹、以下3まで）

2 共同生活室・台所平面図

3 畳に座る人の視線と台所のカウンターの高さが馴染むように、カウンターの腰部分に天板を設けて重心を下げている。

4 共同生活室・窓側断面図
窓に向かって天井を下げることで、落ち着きをもたせる。

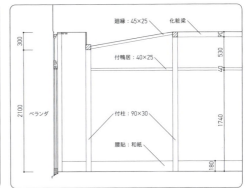

2. 福祉施設のインテリアデザイン　　高齢者施設　　●●●

16

さりげなく見守る認知症高齢者のグループホーム

- 残存能力を活かす参加型のオープンキッチン
- 食堂・居間は仕上げと照明で変化をつける
- 住まいの空間に馴染むスタッフコーナー

認知症グループホームでは、入居者の残存能力をできるだけ活かして認知症の進行を遅らせるために、職員と一緒に食事の支度や後片付けができる参加型の台所が望まれます。そのためには、台所に出入りしやすく、職員と並んで使うことで調理をしていた記憶を呼び起こせるような配置、中が見える食器棚などが考えられます。安全への配慮としては、火が出ないIHヒーターを採用し、包丁や洗剤などを入れる棚は鍵がかかるようにしておきます。複数人で使用するキッチンは広くなりがちなため、可動式の調理台を置くと便利です。調理台の扉に鍵を付けておくと、入居者の薬を管理する場所としても使用できます。

小規模な施設では、居間と食堂を一体空間とした、職員が見守りやすいプランが採用されます。この場合は、天井や床仕上げ、照明器具等に変化をつけ、食事をする場所とくつろぐ場所の違いを出すように工夫します [→**1**]。食堂の天井は、白地に木の化粧梁をリズミカルにつけ、料理が美味しく見えるようにペンダント式照明器具で光源の位置を下げます。一方、居間の床はカーペット仕上げとして廊下と領域を分け、天井は濃い色で落ち着きをもたせています。

さりげない見守りを重視して、入居者の共用空間にスタッフルームを置くことがあります。住まいの趣をもった空間に馴染むように、カウンターや棚を木製でしつらえ、カウンターはテーブルと同じ700mmの高さにして圧迫感をなくします。車椅子の人が近づけるようにカウンターの一部をへこませ、角をなくした形状にしています。スタッフルームには垂れ壁を付けず、天井をリビングと同じ仕上げにすることで、より一体感が感じられます [→**2,3**]。

2. Welfare Facility Interior Design　　Facility for Elderly

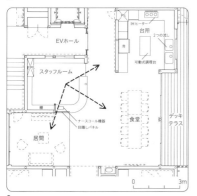

1 照明器具と床・天井の仕上げで食堂と居間の領域性を表す（いずみ池上の里、撮影：松村芳治、以下2まで）

2 共用空間の一画に設けたスタッフコーナー。カウンターや書棚を木製で造り付け、天井を連続させることで周囲に溶け込ませている。

3 共用空間平面図

2. 福祉施設のインテリアデザイン　　高齢者施設　●●●●

17

プライバシーを守りつつ孤立を防ぐ居室の仕様

- 小窓やスリットで孤立感を和らげる
- 従前の生活を継続できる設備を設ける
- 認知機能の低下を補う工夫

特養や認知症グループホームなど高齢者の入所施設では、入居者の尊厳を守り、プライバシーを尊重することが求められます。一方で、入所者が孤立してしまわないよう見守りをすることも大切です。そのため廊下側の壁や建具に小窓やスリットを設けて、居室に居ても気配が伝わることで孤立感を和らげます。

居室内に洗面設備があると、洗顔や歯磨きだけでなく、部屋でお茶を飲んだり器を洗ったりすることもでき、入所前の生活を継続することで意欲の低下を防ぐことができます。また、ケアが必要となったときに職員が手を洗うにも便利で、感染予防にも役立ちます。洗面台は周囲にコップや石けんを置くスペースがあること、車椅子で利用できること、という視点で選定します。そのほかに給湯温度が調整できる機能や、蛇口を閉め忘れても水が溢れないオーバーフロー機能を付けておきます。

[1] の認知症グループホームの居室は、入居者の荷物を整理する収納と洗面台を壁の一面に収めています。室内から廊下を見る窓には、入居者が操作できるように内側にカーテンを吊り、入口の扉の小窓は、職員が扉を開けずに中の様子を確認できるよう外側に布を垂らしています [→2]。

[3] は特養の居室です。入口は引き違いの建具とし、建具を外すとベッドに寝たままの状態で部屋を替わることができます [→4]。片方の戸は一部に不透明のポリカーボネート板を張った格子を入れており、戸を閉めても気配が感じられます。

認知機能の低下した高齢者は、自分の部屋がわからなくなることもあります。居室の外に掲示コーナーを設け、思い出の品や本人の写真を飾るなど、認知機能低下を補う工夫をするとよいでしょう。

2. Welfare Facility Interior Design　　Facility for Elderly

1

2

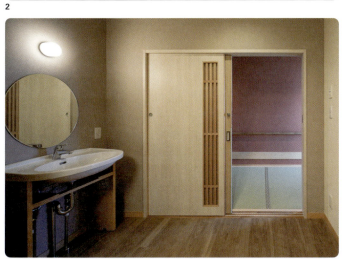

3

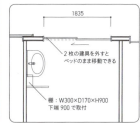

4

1 認知症グループホーム居室。収納と洗面台が壁の一面に収められている。室内から廊下を見る窓と職員が様子を見る窓がある（いずみ池上の里、撮影：松村芳治）

2 居室展開図

3 特養居室。ドアは引戸とし、縦格子を入れて、閉めても気配が感じられるようにしている（ふれ愛の館しおん、撮影：母倉知樹）

4 特養居室平面図（出入口部分）

2. 福祉施設のインテリアデザイン　　高齢者施設　　●●●

18

来訪者のためのトイレと高齢者専用のトイレ

- 床・壁に質感をもたせて温かみのあるトイレに
- 縦手すり、横手すり、姿勢を保持する手すり
- 居室内のトイレはコンパクトな大きさに

福祉施設は利用者だけでなく家族や地域の人も利用することがあります。四恩学園では、特養と乳児院の合築施設の地域交流ホールに、小便器やオムツを替える設備を付けたトイレを計画しました [→1]。

機器の配置は、まず車椅子で利用しやすいよう入口から対角の位置に大便器を設置し、その隣に小便器、便器の邪魔にならない位置にオストメイト対応設備を設置、ベビーベッドは畳んでいるときは場所をとらないため、入口近くに設置し、その横に手洗いカウンターを付けました [→2]。空間に質感を出すために、濃い木目調の壁をベースに、正面の壁は白色とし間接照明で奥行きと温かみをもたせています。オストメイト対応設備が組み込まれたパネルも壁と同じ木目調に合わせ、衛生機器、手すり、カウンターはわかりやすく白で統一しています。床はやや明るい大理石調の抗菌性のあるビニルシートで仕上げました。

[3,4] は地域密着型特養ユニット内のトイレの展開図と平面図です。介護度の高い人が利用するため、縦手すりや横手すりに加え、便座に座ったときに前にもたれかかる姿勢保持用の手すりを付け、背もたれのある便座を選定しています。手すりには体重がかかるため下地を設けて強度を確保する必要があります。また、壁の上部に棚板を取り付けておくと、オムツなどの保管に便利です。

特養では、車椅子用トイレを各居室に備えることが理想ですが、床面積が大きくなるだけでなく、排泄介助の人手が足りないという問題もあり、共用室などに分散して設置することもあります。居室内のトイレは、引戸を開けて使用することでコンパクトな大きさにできます。

2. Welfare Facility Interior Design　　Facility for Elderly

1

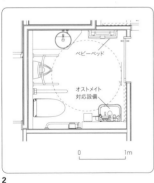
2

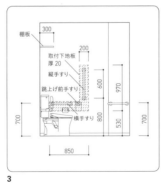
3

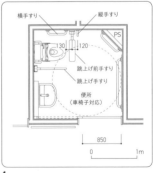
4

1 地域交流ホールのトイレ。濃い色と白のコントラスト、間接照明が温かさを出す（撮影：母倉知樹）
2 地域交流ホールのトイレ平面図
3 特養ユニット内トイレ展開図。前傾姿勢を保持するための前手すりと背もたれがある。
4 特養ユニット内トイレ平面図

19

集団浴から個浴へ変わる高齢者の入浴空間

- 大浴場からコンパクトな浴槽へ
- 個浴＋リフト浴でできるだけ長く支援する
- デイサービスにも個浴が広がる

日本では温泉が好まれるなど、精神的にも入浴を楽しむ傾向があります。高齢者施設でも以前は大浴場が好まれましたが、利用者の介護度が高くなるにしたがって、一人用の浴槽でマンツーマンの入浴介助が必要になってきました。また、プライバシーへの配慮からも、高齢者の入浴空間は、集団浴から個浴へと変わってきています。

[1] は地域密着型特養のユニット内の浴室と脱衣室です。高齢者用に開発されたユニットバスは介護しやすい最小限の広さで、入口に段差がなく、3枚引戸で広い開口を確保しています。浴槽の壁はほぼ垂直で、座ったときに反対側に足が届く約1000mmの長さとなっており、入浴中の姿勢が安定します。浴槽縁の高さは床から400mmと高齢者でもまたぎやすく、後付けでリフトを設置できるため、介護度が高くなっても入浴することができます [→2]。

脱衣室は、濡れたままで出てくることもあり、耐水性で滑りにくい床材が求められます。足触りがよいのは籐の床材ですが、福祉施設では車椅子などを使うためすぐに傷んでしまいます。籐を模したビニル床シートは足触りも悪くありません。ほかにエンボス加工を施して滑りにくくしたビニルシートなどを使用すると安心です。脱衣室には床暖房を設置しておくと浴室から出たときに足がひんやりとせず、床も乾きやすく清潔が保てます。

集団浴から個浴への流れはデイサービスにも見られます。[3,4] は、大きなヒノキの浴槽がある浴室でしたが、広すぎて危険なことやプライバシー重視の観点から、3つのユニットバスに改修した事例です。浴室だけでなく、脱衣スペースも一人ずつ利用できるようにカーテンレールを増設し、カーテンで囲えるようにしています。

2. Welfare Facility Interior Design　　Facility for Elderly

1 地域密着型特養のユニット内の浴室・脱衣室。浴室は既製品のユニットバス。車椅子でも利用できるように3枚引戸で広い開口を確保。後付けでリフトを設置できるため、介護度が高くなっても利用することができる（ふれ愛の館しおん、撮影：母倉知樹）

2 浴室・脱衣室平面図

3 改修したデイサービスの浴室。大浴場を3つのユニットバスに変更。

4 内部は高齢者用のユニットバスを使用している。

2. 福祉施設のインテリアデザイン　　高齢者施設　●●●

20

機械的な冷たさをカバーする特別浴室のデザイン

- 木に囲まれた山小屋のような特別浴室
- 鏡と棚をしつらえて美容室を兼ねた脱衣室
- ユーティリティは建具を付けて収納する

　介護度の高い人が利用する高齢者施設には、一般浴での入浴が困難になった
場合に利用する特別浴室があります。

　[1] は、地域密着型特養の特別浴室です。横たわったままで体を洗い浴槽に
身を沈める臥位式機械浴槽は、一般にはあまり馴染みがなく冷たい印象を与
えがちです。そこで、入浴時間を少しでも楽しんでもらえるようにと、日常
とはちょっと違った空間を演出しています。

　浴室の壁は、腰から上を木調のメラミン化粧板で仕上げており、節のある本
物の木とそっくりの表情は、まるで山小屋かサウナのような雰囲気を醸し出
しています。床は200mm角のオフホワイトのタイルを貼り、腰壁にも同じ
タイルを使用することで、部屋全体を明るく仕上げています。

　特別浴室に隣接する脱衣室は、ストレッチャーの乗り換えを考慮すると、浴
室とほぼ同じ広さが必要とされます [→2]。入浴で使用していないときに入
居者の理髪に使用したいということでした。そこで、脱衣室を美容室のよう
にすることを計画しました。壁の一面に鏡と棚と照明器具を一体的にしつら
えて統一感を出すとともに、出っ張りを少なくしてぶつかるなどの危険がな
いようにしています [→3]。壁は3方を木目調とし、鏡のある面は白のメラ
ミン化粧板にすることで明るさを出し、床はやや濃い木目調ビニルシートを
用いて全体として落ち着いた空間としています。浴室入口のアルミ戸は、そ
のままでは違和感があるため、壁と同系色のカーテンで隠せるようにしてい
ます。

　脱衣室には、汚物流しと掃除用シンクのユーティリティがあります。これら
の設備が見えていると、部屋全体が物置のような印象になってしまうため、
建具を付けてすっきりと収納します。

2. Welfare Facility Interior Design　　Facility for Elderly

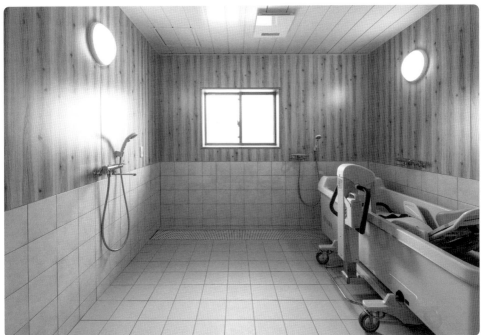

1

3

2

1 地域密着型特養の特別浴室。臥位式の機械浴槽を設置。壁の上部は木目調のメラミン化粧板を張って山小屋のような雰囲気としている（ふれ愛の館しおん、撮影：母倉知樹、以下3まで）

2 特別浴室・脱衣室平面図

3 美容室を兼ねた脱衣室。鏡と棚と照明器具を一体的にデザインして統一感を出している。

2. 福祉施設のインテリアデザイン　高齢者施設　●●●

21

認知症高齢者の入浴は自立歩行が基本

- 手すりの位置は入浴動作を確認して決める
- 脱衣室は座る場所と冷暖房の風に注意
- 洗濯室を脱衣室に隣接させる

認知症グループホームでは、自立歩行で安全に入浴できる環境を整えます
[→**1**]。浴槽は3方から介助できるように壁から離して設置し、浴槽の端には
利用者が腰を掛ける場所を設けています。高齢者がまたぎやすいように深さ
500mmの浴槽を床に100mm埋め込んで、床からの高さを400mmにして
います。

浴槽の近くで椅子に座って利用するシャワーは、介助者が扱いやすいように、
高い位置にフックを設置します。高さを調整できるスライド式のフックも便
利です。また、失禁対策として入口の近くに立った姿勢で臀部を洗い流す
シャワーを設け、立位で使用するシャワー用手すりは姿勢を安定させるため
に、横型手すりを上下に2本設置しています [→**2**]。

浴室内の手すりの位置は、伝い歩き、椅子に座る、立ち上がる、浴槽に入る、
浸かるなどの入浴動作を現場で確認して最終的に決定します [→**3**]。ステン
レスの手すりが冷たい感じにならないよう、床と壁に淡いピンクの防滑タイ
ル、天井は白のバスリブを用いて、全体に柔らかい雰囲気にしています。

脱衣室はコンパクトな広さで、着替えのときにふらつかないようベンチを設
けます [→**4**]。脱衣室の冷暖房については注意が必要です。暖房の風が直接
当たると皮膚の体感温度が下がり寒く感じます。風の起きない輻射型の遠赤
外線式暖房が望ましいですが、空調機を使用する場合は風向きに気をつけま
す。また、夏は冷房の風が体を冷やしすぎる傾向があるので、扇風機を壁に
取り付けておいて併用するとよいでしょう。

洗濯室は脱衣室に隣接すると便利です。入居者9人のグループホームでは、
家庭用洗濯機2台と乾燥機1台、洗濯用シンク、使用済みのオムツを入れる
汚物保管庫を備えています [→**5**]。

2. Welfare Facility Interior Design　　Facility for Elderly

1

4

2

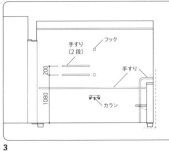

3

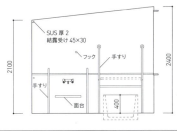

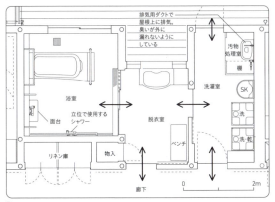

5

1 認知症グループホームの浴室。浴槽は3方向から介助ができる（いずみ池上の里、撮影：松村芳治）

2 立位で使用するシャワー用手すり

3 浴室展開図
手すりの位置は現場で入浴動作を確認して決定する。

4 コンパクトな脱衣室。ベンチを造り付けている（撮影：松村芳治）

5 浴室・脱衣室・洗濯室平面図

2. 福祉施設のインテリアデザイン　　高齢者施設　　● ● ●

22

移動空間をデザインする

- 衝撃を吸収する畳敷きの廊下
- 廊下の一部を広くして居場所をつくる
- 四角い手すりは意外に握りやすい

高齢者は筋力の低下や平衡感覚の低下によりバランスを保ちにくく、転倒して骨折などのけがにつながる可能性が高くなります。そのため、万一転倒しても衝撃を吸収しやすい床仕上げが求められます。また、廊下などには、適度に休憩場所を設けることも必要でしょう。

[1] は地域密着型特養の居室前の廊下です。転倒による骨折をできるだけ避けること、座り込んでも不自然でなく部屋のような使い方ができることから畳敷きとしました。フローリング仕上げの部分と段差がないよう下地で調整しています。畳は足触りがよく、衝撃を吸収してくれるだけでなく、畳の縁の繰り返しが柱や格子の縦の線とともに空間にリズミカルな動きを感じさせます。

特養の廊下幅は、片廊下 1800mm 以上、中廊下 2700mm 以上と決められていますが、地域密着型特養の場合は、多数の入居者や職員が日常的に一度に移動することはないことから、片廊下 1500mm 以上、中廊下 1800mm 以上（手すりを含む）と、緩和されています。このため、より家庭的な空間を実現することができます。

[2] は認知症グループホームの廊下です。廊下の一部を広くしてソファを置き、談話コーナーとしています。談話そのものを目的とするというよりは、居室とリビング以外の居場所という意味合いが大きいと思います。談話コーナーに面した居室の入口は腰壁で隔てることで、居室の利用者のプライバシーに配慮しています [→3]。

廊下の手すりは、木質空間に合った木製の手すりを使用します。既製品の手すりは丸い形状のものが多いですが、四角い手すりは意外に握りやすく、細かく面取りをして手に馴染む形状にしています [→4]。

2. Welfare Facility Interior Design　　Facility for Elderly

1

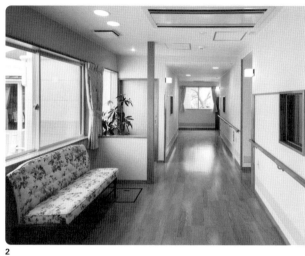
2

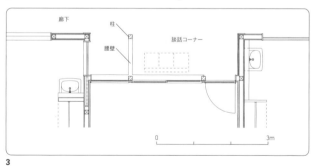
3

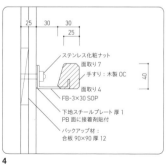
4

1 特養ユニットの居室前廊下。畳縁の繰り返しがリズミカルな動きをつくる（ふれ愛の館しおん、撮影：母倉知樹）

2 認知症グループホーム。廊下の一部を広くした談話コーナー。居室の入口とは腰壁で隔てている（清泉、撮影：松村芳治）

3 談話コーナー平面図

4 木製手すり詳細図

2. 福祉施設のインテリアデザイン　　高齢者施設

23

世代を超えて地域とつながる交流の場

- 道路に面して開口を設け施設の中を見せる
- キッチンと大きなカウンターが活動の要となる
- 複数の居場所を設けて多様な使い方に対応

近年、福祉施設は利用者のためだけでなく、地域の高齢者支援や子育て支援など地域福祉の拠点としての役割が期待されています。そのためには施設を地域に開き、地域に親しまれる存在になることが重要です。

地域との交流のための空間は、できるだけ外から中が見えることが大切です。周辺を行き来する人の興味を引き、気軽に参加できるイベントを実施することで、地域と施設のつながりを深めていきます。

[1] は乳児院と地域密着型特養が共用する地域交流ホール「あびんcoハウス」です。外から直接入る入口を設け、土足仕様にすることで気軽な利用を促しています。ここでは多様な世代を対象とする「ごちゃまぜ食堂」や、地域の高齢者のお茶会、子育て中の親子の集まりなどが行われ、世代を超えた交流の場となっています。

また、道路に面したテラスに開口を設け、法人が主催するイベント時には、テラスからも出入りができます。セキュリティのためイベントを行っていないときには外部から直接入る入口は施錠しています。

内部は、ホールを見渡す位置に据えたキッチンの黄色いカウンターが特徴的です。キッチンの床は段差なくホールとつながっており、職員だけでなくお茶会に来る高齢者やボランティアも利用できます。

無垢の木の大きなテーブルや組み合わせできる四角いテーブルが置かれ、一人で利用するカウンター席、腰壁で囲った乳児のコーナー、建具で仕切ると小グループで使える部屋など、さまざまに利用できます。このように大きな空間を柱と梁、欄間や腰壁で適切に仕切り、小さな居場所をつないでいくことで、乳児や高齢者が落ち着け、かつ、多様な使い方に対応できるよう意図しています [→2,3,4]。

2. Welfare Facility Interior Design　　　Facility for Elderly

1

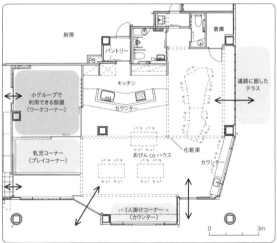

2

1 乳児院と特養の共用の地域交流ホール。大きな開口と黄色いキッチンカウンターが特徴（四恩学園、撮影：母倉知樹）

2 地域交流ホール平面図

3 乳児コーナー

4 テラスの扉を全開

3　　4

2. 福祉施設のインテリアデザイン　　子どもの施設　●　●　●

24

乳児は感染症に特別配慮が必要

- 玄関に手洗いを設け外からの菌を遮断する
- 大人用と乳児用の2つの手洗いを設ける
- 新生児専用の部屋を備える

乳児院では、入所児の約3割が虚弱児や障害児等であり、約6割に罹患傾向があるという調査結果[1]があります。そのため、感染症には特に注意が必要です。

乳児院の玄関には手洗いを設け、施設内に菌を持ち込まない体制を整えます。手をかざすと水が出る自動水栓を備え、冬には温かい湯が出るように給湯器を付けておくと、丁寧に手洗いをすることができます。石けんや消毒液、ペーパータオルを置く面台や棚も忘れないようにします。

[1]は、乳児院の玄関に大人用と乳児用の2種類の高さの手洗いを設置した事例です。丸い形状の手洗い器を、大人用はH800mm、乳児用はH420mmに取り付け、それぞれ面台を設けています。

乳児院には生後間もない新生児が入所してくることもあります。身体機能が未熟なため病気にかかりやすく、命の危険に陥ることもあるため、急変に対応できるよう常に観察できる環境が必要です。新生児専用室を設けて一般の乳児と隔離し、部屋の中には手洗い設備を備えます。ミルクを飲ませるための座り心地のよい椅子を置き、授乳時は抱いて目を合わせ、やさしくことばをかけ、ゆったりとした気持ちで授乳できるようにします。

[2]は新生児室のあるユニットです。生後6カ月くらいまでの月齢の低い乳児が過ごします。トイレの代わりに汚物流しのある洗濯室を設け、沐浴室と家庭用のユニットバスを備えており、大人と一緒の入浴もできます。食事はミルクが中心となるために調乳室があります。新生児室は調乳室とつながっており、観察室と寝室側にも窓を開けて、いつでも中の様子が見えるようにしています[→3]。

1 厚生労働省「児童養護施設入所児童等調査」（平成30年2月1日現在）

2. Welfare Facility Interior Design　　Facility for Children

1

2

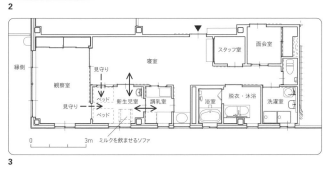

3

1 乳児院の玄関。大人用と乳児用の高さの異なる手洗いを設置している（みろく乳児院、撮影：母倉知樹）

2 低月齢児のユニット、左手に調乳室、新生児室がある。寝室の天井は、少し彩度を下げ落ち着きをもたせている（くるみ乳児院、撮影：松村芳治）

3 新生児室のある低月齢児のユニット平面図

2. 福祉施設のインテリアデザイン　　子どもの施設 ● ● ●

25

固有のスペース、固有の持ち物を保障する

- 乳児でも衣類収納は個別に用意する
- カバンや帽子をわかりやすく掲示する
- ベッド、机、収納でテリトリーを示す

子どもを権利の主体として、個別のアセスメントに基づいたニーズに合わせた生活を組み立てることを「個別化」と言いますが、インテリアではどのようなことに配慮が必要でしょうか。乳幼児であっても一人ひとりに固有のスペースを用意し、固有の持ち物を保障するという観点が重要です。

[1] は、乳児院の寝室となる居室の収納です。家具の転倒や出っ張りによるけがなどを避けるために、あらかじめ壁面に造り付けています [→2]。衣類の収納には1人につき2個の引出しを自分で開け閉めできる低い位置に設け、前板の色を変えて乳幼児にもわかりやすくしています。上の引違い扉の収納棚には、共通の物を入れ、その上部には寝具などを収納します。

[3] は児童養護施設の幼児ユニットの玄関です。2歳から就学前の子どもが生活するユニットでは、幼稚園などに出かけるときの帽子とカバンを、一目で分かるように収納しています。壁に下地補強を行って強度を確保し、木の桟を上下2段に取り付けてフックを付けています。一人ずつ異なる持ち物が、目に見えるように掲示されていることで、自分の物という意識が芽生えるとともに、置き場所を示すことで、整理整頓の意識が醸成されます。

[4] は幼稚園児の居室です。幼児の体格に合わせた低いベッドを設計し制作しています。ベッドは自分の寝る場所を明確に固定することから、自己意識を醸成するためにも有効です。ベッドと同じ素材で個別の収納棚を造作し、幼稚園のカバンや衣類を自分で管理できるようにしています。小学生になると学習机が加わってテリトリーが広がり、成長に合わせて持ち物を適切に管理することで自立心を高めることにつながります。

2. Welfare Facility Interior Design　　Facility for Children

1

2

3

4

1 乳児の寝室。布団や衣類を収納する家具には、個別に色分けした引出しがある（すみれ乳児院、撮影：松村芳治）

2 寝室の造作家具図

3 玄関に取り付けたフックには一人ひとりの帽子とカバンをわかりやすく掲示（花園精舎）

4 幼稚園児の部屋。特注の低いベッドと一人ひとりの持ち物を収納する棚（生駒学園、撮影：松村芳治）

2. 福祉施設のインテリアデザイン　子どもの施設

26

安心した眠りと快適な環境を提供するために

- 住まいの環境は空間の大きさでつくる
- 光や風を取り入れる
- 乳児の部屋は温水式床暖房が好ましい

乳幼児が生活する施設では家庭的な環境が望ましいとされます。「家庭的」とは言い換えると「住まいの空間」です。その特徴は、6畳、8畳という部屋の広さと、2.4m前後の天井の高さです。乳児院を計画するときは、この数字を参考に空間の大きさをとらえ、このサイズの空間をつないでいくように計画します。大きな吹抜けや、壁や建具で仕切らない空間は、乳児の泣き声が響き渡り、ほかの乳児にも影響を与えるため、少なくとも食事の部屋と寝室は音が切れるようにします。

[1,2] は6人の乳児が生活する乳児院のユニットです。観察室は食事をする部屋として窓側に設け、対面式キッチンを備えています。観察室に続く寝室は建具で仕切ることで建築基準法上の採光を確保し、建具を閉めると音や光を遮蔽できます。寝室には寝具や衣類の収納を備え、入浴や排泄もここを拠点に配置しています。

住まいを快適にするためには光や風を取入れることが大切です。ユニットの入口を閉めていても風が通り抜けるような建具 [→3,4] で室内に風を取り入れます。網戸は子どもたちが触っても破れないように、手が届く高さ（約900mm）までアルミパンチングで補強すると安心です。東向きの寝室は光に敏感な子どもが朝早く目覚めてしまうことがあります。雨戸やシャッターを付けたり、ブラインドと遮光カーテンを2重に使うなどの工夫が必要です。

乳幼児の居室の冷暖房は、空調エアコン＋床暖房がよいでしょう。24時間生活している乳児院では、温度が一定で光熱費も抑えられるガス式の温水式床暖房がおすすめです。水をガスで温めて床下を循環させます。電気式に比べ初期費用は高くなりますが、ランニングコストを抑えることができます。

2. Welfare Facility Interior Design　　Facility for Children

1

2

3

4

1 乳児院のユニット平面図。観察室は食事をする部屋として利用。寝室は収納を備え、入浴や排泄の拠点となる。夜勤の職員が過ごすスタッフルームは、隣のユニットと共用になっている（四恩乳児院）

2 乳児院のユニット。手前は寝室、奥は観察室。建具で仕切る。寝室の天井は彩度を落とし、床は畳を採用。物入は上下に分けて壁面に設置している（みろく乳児院、撮影：母倉知樹）

3 乳児院のユニットの入口。建具を2枚つくり、1枚は窓を開けてポリカーボネート板を入れ、1枚は下半分を縦格子にして風を通す（すみれ乳児院）

4 同上（くるみ乳児院）

2. 福祉施設のインテリアデザイン　子どもの施設 ● ● ●

27

安全への配慮

- 階段の勾配はゆるく手すりは2段設ける
- 廊下を安全な遊び場として計画する
- 子どもを守る「さすまた」もインテリアに

乳児の生活空間は、指詰めや段差による転倒がないよう空間の隅々にまで注意が必要です。特に階段や廊下は安全に配慮したうえで楽しい場となるよう計画します。

[1] は、乳児院と特養の複合施設です。主に乳児が利用する階段室では、手すりは子どもの手の届く高さ（H＝450mm）と通常の高さの2段を左右両側に設けています [→2]。勾配は標準よりも緩く、蹴上げ150mm、踏面280mm、踏面は足触りの良いヒノキ仕上げです [→3]。転落防止の手すり子は、足が掛からない縦桟とし、間隔は幼児の頭が入らないとされる110mm よりも狭い50mm間隔として、安全性を高めています。階段を利用することで乳児の足腰も鍛えられます。階段室の壁には腰板を張り、正面の壁上部はパステル調のやさしい色調で仕上げています。

[4] の乳児院の廊下は、雨天時に子どもが遊べるよう計画しました。床は滑りにくく耐衝撃性のあるクッション性ビニルシート、壁際足元の床色を濃くして壁との距離感を認識しやすくしています。壁は白をベースにクリーム色やライトブルーで楽しさを加え、傷防止に腰板を張っています。出会い頭にぶつからないよう廊下の角を落とし、子ども用ベンチや、壁下1100mmを開放した遊具置場も備えています [→5]。

学校や福祉施設を襲撃する事件が起こり、職員には子どもたちを守る備えが求められています。暴漢を取り押さえ、護身にも有効な「さすまた」は、保管にも場所をとります。[6] の施設では、平時はその存在を感じさせず、いざというときすぐに取り出せるよう壁に取り付け、職員手製の壁面飾りとともに、インテリアの一部になっています。

2. Welfare Facility Interior Design　　Facility for Children

1

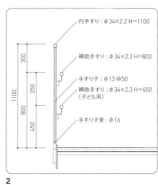

2

4

3

6

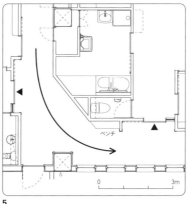

5

1 乳児が利用する階段。緩やかな勾配で踏面にヒノキの板を張り、手すりは大人用と子供用の2段（四恩乳児院、撮影：母倉知樹、以下4まで）

2 手すり詳細図

3 階段詳細図

4 街路のようなイメージの廊下。家型のユニット玄関に門灯をつけている（みろく乳児院）

5 廊下平面図。角を落とし安全な動線を確保。子ども用ベンチも備える。

6 洗面所の壁に取り付けた「さすまた」（くるみ乳児院）

2. 福祉施設のインテリアデザイン　子どもの施設　● ● ●

28

子どものスケールでしつらえる

- 窓の高さを子どもの目線に
- 自動扉の大きなガラス戸を木で分節する
- 自主性を育てる乳児専用の洗面台

　一般の住宅では乳幼児のために特別にスケールを合わせることはしません。トイレは補助便座を付け、洗面台は踏み台を使って利用します。そうした工夫を行うことで環境を調整しながら成長することは重要です。しかし、子どもが利用する施設では、子どもの目線で空間を捉え、子どもが利用しやすいサイズにすることで自主性を育てる視点も大切です。

[1] は乳児院の1階の廊下です。一般に、廊下の窓は腰窓など乳幼児の目線より上に開いていることが多く、乳幼児は外の景色を見ることはできません。子どもの目を引くイラストなどを描くことも施設を楽しい空間にするには有効ですが、自然に外の光や緑が目に入る環境は、乳幼児であっても望ましいと考えます。ここでは庭を設け、乳児でも見えるように床から200mmの低い位置に窓を開けています。

[2] は、就学前の障害児の通園施設の玄関です。利便性のために自動ドアを採用していますが、全面ガラスの扉は幼児にとっては巨大な出入口と感じるでしょう。スチールで円弧状の枠をつくり上部に木の板をはめ込んで分節することで、幼児に合ったスケール感をつくっています。事務室のカウンター下には子ども用の窓を設けており、大人が話をしている間も退屈せずに待つことができます。

　乳児院では食堂の横に洗面所を設けて食事の後の歯磨きに使用します。子どもの主体的な活動を大切にし、自主性を育てるよう、乳児が使いやすい高さ（H400mm）にしつらえています。工事にあたっては水栓金具の高さが収まるように、その部分だけ床を低くする工夫をしています [→3]。

2. Welfare Facility Interior Design　　Facility for Children

1

2

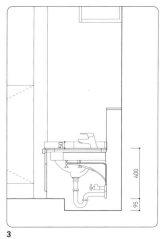

3

1 乳児院の1階廊下。庭に面して乳児の目線に合わせた低い窓を開けている（すみれ乳児院、撮影：松村芳治、以下2まで）

2 障害児通園施設の玄関。自動扉を木の板で分節してスケールを落としている。正面の事務所のカウンター下には子ども用の窓（こどもデイケアいずみ）

3 乳児の洗面台断面図

2. 福祉施設のインテリアデザイン　　子どもの施設　●●●

29

幼児の生活は見守りと自立の支援が大切

- 屋外へのアクセスのよさは活動を豊かにする
- 自分のタイミングでトイレに行く
- 食事に関する知識は毎日の生活の中で身につける

幼児期は、危険に対する認知が十分に育っていないことから、常に職員の見守りが必要です。

[1,2]は幼児のユニットです。園庭に面し屋外へのアクセスが容易なため、園庭に職員がいるときは、子どもは自由に屋外に出ることができます。また、ユニットの中の職員から玄関がよく見え、子どもを見守る体制が取りやすい環境になっています。そのため子どもは室内での遊びと屋外遊びを自由に選択することができ、個々の興味関心に合わせた自主性を育てることができます。

排泄が自立していない幼児は、尿意を感じたときにトイレに誘導してもらうことで排泄の自立が身につきやすくなります。トイレが居室から離れた場所にあると、職員は時間を決めて複数の子どもを連れてトイレに行くことになり、個別の排尿・排便のタイミングに合わせることが困難です。[3,4]は幼児が日中過ごすプレイルームの中に設けたオープントイレです。H1300mmのすのこ状の壁で囲われ、中が丸見えにならず、かつ、職員が見守ることができます。遊んでいるときに自分のタイミングでトイレに行くことができ、排泄自立を支援します。3〜5歳用のトイレには低い扉の付いたトイレブースを用意しています。

さまざまなことを吸収する幼児期は、食事に関する知識を毎日の生活の中で知ることが大切です。一般家庭と同じように生活空間の中で調理が行える台所設備を整えます。[5]は幼児ユニットの食堂です。対面式キッチンで子どもを見守りながら食事の準備や後片付けができ、子どもは調理のにおいや音を身近で感じることができます。そのほか、洗濯物干しなど、子どもの目の前で家事を行うことが将来の自立につながります。

2. Welfare Facility Interior Design　　　Facility for Children

1

2

3

4

5

1 幼児ユニットの玄関が園庭に面し、外遊びと室内遊びを選択できる（いずみこどもの家、撮影：松村芳治、以下5まで）

2 幼児ユニット平面図

3 プレイルームの中にあるオープントイレ。自分のタイミングでトイレに行くことができる（生駒学園）

4 オープントイレ平面図

5 子どもを見守る対面式キッチン。目の前で調理や配膳を行うことで自立を支援する（花園精舎）

2. 福祉施設のインテリアデザイン　　子どもの施設　●　●　●

30

年齢や療法により異なる心理療法室のしつらい

- 日常生活の場と距離を置く
- 遊びを取り入れた心理療法室
- カウンセリングの部屋は防音機能をもたせる

児童養護施設や乳児院において、虐待などにより心に傷を負った子どもたちには、心理士による専門的な治療を通して心のケアを行う心理的ケアが求められています。

心理的ケアを行う部屋（心理療法室）については特に決められたものはありませんが、一般に子どもの生活空間の中ではなく、離れた場所に設けることが望ましいとされています。そのため、入口を別に設けて一旦外に出てから心理療法室に入るなどの工夫が見られます。

実施される療法は、遊びを通して子どもの心の状況を見るプレイセラピーや、言葉によるカウンセリングがあり、それぞれに適した部屋が求められます。プレイセラピーでは子どもの好きな遊びを取り入れます。時にはボール遊びをするため壁にクッション材を貼るよう望まれることもあります。窓の位置にも配慮が必要です。窓が通路に面していると、人影が見えることで気が散るため、窓の高さは通常より高くします。プレイルームには多様な玩具などを備えることから、整理しやすい収納が必要です [→**1**]。箱庭療法で使用する箱庭の収納場所もあらかじめ考えておきます。手洗いの設備も設けます。ハンモックを利用する場合は、天井に下地を設け金具を付けます [→**2,3,4**]。カウンセリング室はあまり広くないほうが落ち着きます。照明は電球色の温かみのある色調とし、席は隣や斜めに座ると緊張が和らぎます。壁に絵を飾り、テーブルに花を置くのもよいでしょう。心理療法室は防音機能が求められますが、特にカウンセリング室は隣の部屋の声が聞こえないように、壁や扉の防音に加え、天井裏にまで壁を伸ばすなどの配慮が必要です。

2. Welfare Facility Interior Design　　Facility for Children

1

2

3

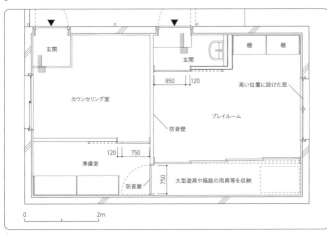
4

1 見せる収納と見せない収納を組み合わせるプレイルーム。左下の扉は箱庭を収納できる（いずみこどもの家）

2 プレイルーム平面図（部分）

3 独立した心理棟にあるプレイルーム。右手の建具を閉めると中の物を隠せる。大型遊具や箱庭の用具などを収納する。
窓は外が気にならないよう高い位置に設けている（希望の杜、撮影：母倉知樹）

4 心理棟1階平面図

2. 福祉施設のインテリアデザイン　　子どもの施設　●　●　●

31

地域の子育てを支援する

- 地域に親しまれる開かれた施設とするために
- 道路に面したシンボリックな形状の子育てサロン
- 独立した建物で利用を促す地域交流ホール

　乳児院は入所する乳幼児の生命を守り育むという機能以外に、保護者や家族
への支援、地域の子育て支援等の機能が求められています。近年、特に都市
部では近隣に親戚や知り合いがいない家庭が増えており、孤立しがちな親子
が遊びに行ける場所が必要とされています。乳児院の培ってきた子育ての専
門機能を活かして、地域の子育て支援を行うことが期待されています。
　また、児童養護施設や乳児院など、いわゆる社会的養護の施設は、地域住民
の理解と支援が不可欠であることから、開かれた施設として、地域社会との
連携を深めていくことが必要です。
　このように、地域の子育てを支援し、地域に親しまれる施設にするために新
しく建てられた乳児院での取り組みを紹介します。
　[1] は乳児院の入口に設けられた子育てサロンです。道路に面したサロンは、
地域に親しんでもらえるように赤い勾配屋根のシンボリックな形状をしてい
ます。明かりが見える大きな開口を設けて、子育て中の親子が気軽に入って
きてもらえるよう計画しています。内部は勾配屋根に合わせた板張りの斜め
天井が空間に変化をつけています。
　[2] は乳児院の地域交流ホールです。本体施設から独立した木造の小さな建
物で、専用のアプローチを通って利用することができます。内部は構造体で
ある梁を見せたリズミカルな空間となっており、正面の壁には、建替え前の
建物から移設された「慈母観世音菩薩像」がはめ込まれています。ここでは
地域の親子を対象とした「育児すくすくクラブ」などが開催されており、独
立した建物が外部からの利用を促しています。

2. Welfare Facility Interior Design　　Facility for Children

1 乳児院の入口にある子育てサロン。大きな開口から見える明かりが親しみを感じさせる（すみれ乳児院、撮影：松村芳治）

2 乳児院の交流ホール。独立した建物で、正面の壁には建替え前の施設から移設した「慈母観世音菩薩像」がはめ込まれている（みろく乳児院、撮影：母倉知樹）

海外の病院リスト

海外に所在する病院について、アルファベットの表記を以下に示す。
なお、巻末の文献に掲載されるものは文献番号を付した。

Asklepios Klinik Barmbek	アスクレピオス病院（ハンブルク、ドイツ）	文献6
BIMC Hospital Nusa Dua	BIMC病院（バリ、インドネシア）	文献1
Brigham and Women's Hospital	ブリガム・アンド・ウィメンズ病院（ボストン、アメリカ）	文献8
Carlisle Centre	カーライルセンター（ベルファスト、イギリス）	文献7
Changi General Hospital	チャンギ総合病院（チャンギ、シンガポール）	文献1
Espoo Hospital	エスポー病院（エスポー、フィンランド）	文献9
Frankfurt University Hospital	フランクフルト大学病院（フランクフルト、ドイツ）	
Heckscher-Klinikum	ヘクシャ病院（ミュンヘン、ドイツ）	文献6
Hôpital Necker-Enfants Malades	ネッカー小児病院（パリ、フランス）	
Khoo Teck Puat Hospital	クーテク ポー病院（イーシュン、シンガポール）	文献1
Klinikum Forchheim	フォルヒハイム病院（フォルヒハイム、ドイツ）	文献6
Klinikum Nürnberg Nord	ニュルンベルク北病院（ニュルンベルク、ドイツ）	文献6
Kankakee University Medical Center	建国大学病院（ソウル、韓国）	文献1
Maggie's, West London	マギーズ・センター、ウェストロンドン（ロンドン、イギリス）	文献7, 14
Metz-Thionville Hôpital Mercy	メルシー病院（メッス、フランス）	
Mount Elizabeth Novena Hospital	マウント・エリザベス・ノヴェナ病院（ノヴェナ、シンガポール）	文献1
National Brain Center	インドネシア国立脳神経外科（ジャカルタ、インドネシア）	文献1
New Karolinska Solna University Hospital	新カロリンスカ病院（ストックホルム、スウェーデン）	文献9
Ospedale Regionale di Lugano Italiano	イタリア病院（ルガーノ、スイス）	
Paimio Sanatorium	パイミオ・サナトリウム（パイミオ、フィンランド）	文献9
Penn State Hershey	ペンシルバニア州立大学ハーシー医療センター（ハーシー、アメリカ）	文献8
Perelman Center for Advanced Medicine	パールマン先端医療センター（フィラデルフィア、アメリカ）	文献8
Port Royal Maternity Hospital	ポール・ロワイヤル・マタニティ病院（パリ、フランス）	
Rotterdam Rihabilitation Hospital	ロッテルダム・リハビリテーション病院（ロッテルダム、オランダ）	文献5
Royal Alexandra Children's Hospital	ロイヤルアレキサンドラ小児病院（ブライトン、イギリス）	文献7
Severance Hospital	セブランス病院（ソウル、韓国）	文献1
Siloam Hospitals　Lippo Village	シロアム・リポ・ヴィレッジ病院（タンゲラン、インドネシア）	文献1
Siloam Hospitals Semanggi	シロアム・スマンギ病院（ジャカルタ、インドネシア）	文献1
Texas Children's Hospital	テキサス小児病院（ヒューストン、アメリカ）	文献3
The New Glasgow Homoeopathic Hospital	グラスゴー・ホメオパシック病院（グラスゴー、イギリス）	文献4
VU University Medical Center	VUメディカルセンター（アムステルダム、オランダ）	文献5
Yale-New Haven Hospital Smilow Cancer Center	イェール・ニューヘイブン病院スマイラーがんセンター（ニューヘイブン、アメリカ）	文献8

参考文献

〈病院〉

1. 河口豊『病院建築探訪記』近代建築社、2024年
2. 太田英伸『おなかの赤ちゃんは光を感じるか』岩波書店、2014年
3. 日本医療福祉設備協会「米国最新医療福祉建築設備視察2004報告書」
4. 日本医療福祉建築協会「海外医療福祉建築視察団2005報告書」
5. 日本医療福祉設備協会「南アフリカ・オランダ最新医療福祉建築設備視察2006」
6. 日本医療福祉建築協会「海外医療福祉建築研修2007研修報告書」
7. 日本医療福祉建築協会「海外医療福祉建築研修2009研修報告書」
8. 日本医療福祉建築協会「海外医療福祉建築研修2011研修報告書」
9. 日本医療福祉建築協会「海外医療福祉建築研修2017研修報告書」
10. 日本色彩学会編『色彩科学ハンドブック』東京大学出版会、1998年
11. 吉岡幸雄『日本の色辞典』紫紅社、2000年
12. フェイバー・ビレン著、佐藤邦夫訳『ビレン色彩学の謎を解く』青娥書房、2003年
13. Jean-Philippe Lenclos: *Colors of the World The Geography of Color*, W.W.Norton & Co., 2004
14. Charles Jencks: *The Architecture of Hope, Frances Lincoln*, London, 2010

〈福祉施設〉

1. 二井るり子・梅澤ひとみ『医療福祉施設のインテリアデザイン』彰国社、2007年
2. 二井清治・二井るり子『福祉施設の設計 障害者・子ども・高齢者 地域との共生を目指して』彰国社、2020年
3. 二井るり子・大原一興・小尾隆一・石田祥代『知的障害のある人のためのバリアフリーデザイン』彰国社、2003年
4. 日本建築学会編『利用者本位の建築デザイン 事例でわかる住宅・地域施設・病院・学校』彰国社、2018年
5. 加藤悠介・松原茂樹・山田あすか・松田雄二『福祉転用による建築・地域のリノベーション 成功事例で読みとく企画・設計・運営』学芸出版社、2018年
6. 厚生労働省 雇用均等・児童家庭局 家庭福祉課「乳児院運営ハンドブック」2014年
7. フランシスD.K.チン著、太田邦夫・菊池岳史・ベリー史子訳、『インテリアの空間と要素をデザインする』彰国社、1994年
8. 日本インテリア学会編『インテリアの百科事典』丸善出版、2016年
9. 日本建築学会編『こどもの環境づくり事典』青弓社、2014年
10. 日本建築学会編『認知症ケア環境事典 症状・行動への環境対応Q＆A』ワールドプランニング、2009年

おわりに
Afterword

今後の病院は人口減少、高齢社会、感染症や気候変動、建設費の高騰、病院のDX化による看護体制の変化や遠隔医療のニーズにも対応することが望まれます。都心部では検査は専門のセンターで行い、一般病室はホテルが担い、手術室とICUだけの病院も現れるかもしれません。一方郊外ではワンストップ型にと、地域によって多様化すると考えられます。このように機能が日々変化する病院に対応するインテリアはどのような姿でしょうか。海外では築100年経ってもいきいきと現役の病院もあります。サステナブルな建築空間の中でフレキシブルに対応できるインテリアの力が求められるでしょう。

本書で紹介した国内事例は筆者がプロジェクトの一員として参画した病院です。ケアの心、思いを設計者と共有して完成した病院ばかりです。そして海外事例は日本医療福祉建築協会（JIHA）の諸先生方に同行して視察した医療施設です。知見を与えてくださった先生方と関係者に感謝するとともに、本書の写真と言葉が患者とスタッフに愛され続ける病院づくりの参考にしていただけたら幸いです。

2025年2月　梅澤ひとみ

2007年に梅澤さんと共著による『医療福祉施設のインテリアデザイン』を著して、18年ぶりに新たな病院と福祉施設のインテリアデザインの本を出すことができました。前回の本が概念的な要素が強かったのに対し、今回は具体的なインテリアデザインのポイントを紹介しています。

インテリアデザインには一級建築士のような資格は必要ありません。一枚のテーブルクロスが高齢の一人暮らしの食卓を華やかにし、気持ちを明るくすることもできます。インテリアデザインのもつ力に気づき、行動したり提言したりすることで、誰にでも環境を変えることができるのです。現在私たちのまわりには安価でデザイン性の高い家具や小物が多くあります。それらをうまく利用するのもいいでしょう。デザインの目を養うためには意識して多くの事例を見ることが大切です。

この本で紹介するように、福祉施設の利用者には配慮しなければいけないこともたくさんあります。それらを踏まえたうえで、だれもが居心地よいと思える環境を、一人ひとりの行動によりつくっていくことができると信じています。最後に、掲載にあたってご協力いただいた施設の皆様、彰国社の尾関恵さん、素敵な本に仕上げていただいたデザイナーの塩谷嘉章さんに、心から感謝いたします。

2025年2月　二井るり子

装丁：SHIOYA Tokyo ／ 装画：岡崎マリー

著者略歴	梅澤ひとみ（うめざわ ひとみ）
Profile	環境カラリスト

東京都生まれ。

1977年 聖心女子大学教育学科心理学専攻卒業

1977年 同大学心理学研究室助手

1981年 同大学退職後、冨家直教授、日本色彩研究所と共同研究（色彩感情空間研究）に従事。

桑沢デザイン研究所（知覚心理学・色彩心理学）で34年間教鞭をとる。

専門は医療福祉建築の環境・色彩。

東京臨海病院、東邦大学医療センター大森病院、済生会横浜市東部病院、東京都済生会中央病院、足利赤十字病院、済生会飯塚嘉穂病院、中東遠総合医療センター、千葉西総合病院、埼玉県立小児医療センター、愛知県精神医療センター、唐津赤十字病院、小牧市民病院、奈良県総合医療センター、中部国際医療センター、聖マリアンナ医科大学病院、名古屋学院大学など、病院を中心にインテリア・色彩設計に携わる。

著書：『医療福祉施設のインテリアデザイン』彰国社、2007年（共著）

『ヘルスケア環境の色彩・照明』（「病院」連載）医学書院、2007年

『病院建築探訪記　病院建築はローカルだ！』近代建築社、2024年（共著）

二井るり子（にい るりこ）

医療福祉コンサルタント、プラネットワーク代表取締役、二井清治建築研究所副所長

愛媛県生まれ。

1979年 奈良女子大学家政学部住居学科卒業

1982年 大阪府に行政職として入る。土木部、総務部、福祉部等に従事し、1992年退職。

同年プラネットワークを設立。

2013年 奈良女子大学で博士号（生活環境）取得。

2002～2017年 京都造形芸術大学（現京都芸術大学）、京都教育大学、京都女子大学などで非常勤講師を務める。

医療福祉施設の生活空間の質的向上を目指し、二井清治建築研究所と共同で事業を行う。

近作は、大阪西本願寺常照園（児童養護施設・地域小規模児童養護施設、2024）、ジョブサイトひむろ（障害福祉サービス事業所（生活介護）、2024）、

高津学園（児童養護施設、ユニット型、2021）、レジデンスなさはらもとまち（強度行動障害者のグループホーム、2019）、ふれ愛の館しおん（地域密着型特別養護老人ホーム、2018）など。

著書：『知的障害のある人のためのバリアフリーデザイン』彰国社、2003年（共著）

『医療福祉施設のインテリアデザイン』彰国社、2007年（共著）

『認知症ケア環境事典』日本建築学会編、2009年（共著）

『利用者本位の建築デザイン』彰国社、2017年（共著）

『福祉転用による建築・地域のリノベーション』学芸出版社、2018年（共著）

『福祉施設の設計　障害者・子ども・高齢者　地域との共生を目指して』彰国社、2021年（共著）

病院・福祉施設のインテリアデザイン　ケアの心をかたちにする

2025年3月10日　第1版　発行

著　者　梅澤ひとみ・二井るり子

発行者　下　出　雅　徳

発行所　株式会社　彰　国　社

著作権者と
の協定によ
り検印省略

162-0067　東京都新宿区富久町8-21

電　話　03-3359-3231(大代表)

自然科学書協会会員
工学書協会会員

Printed in Japan

© 梅澤ひとみ・二井るり子　2025年

振替口座　00160-2-173401

印刷：壮光舎印刷　製本：誠幸堂

ISBN 978-4-395-32216-9　C3052　　https://www.shokokusha.co.jp

本書の内容の一部あるいは全部を、無断で複写（コピー）、複製、およびデジタル媒体等へ
の入力を禁止します。許諾については小社あてにご照会ください。